Monoparentalité,

Course en solitaire

©2021. EDICO

Édition : JDH Éditions
77600 Bussy-Saint-Georges, France
Imprimé par BoD – Books on Demand, Norderstedt, Allemagne

Conception couverture : Cynthia Skorupa

ISBN : 978-2-38127-150-7
Dépôt légal : juin 2021

Le Code de la propriété intellectuelle n'autorisant, aux termes de l'article L.122-5.2° et 3°a, d'une part, que les « copies ou reproductions strictement réservées à l'usage privé du copiste et non destinées à une utilisation collective », et d'autre part, que les analyses et les courtes citations dans un but d'exemple et d'illustration, « toute représentation ou reproduction intégrale ou partielle faite sans le consentement de l'auteur ou ses ayants droit ou ayants cause est illicite » (art. L. 122-4).
Cette représentation ou reproduction, par quelque procédé que ce soit constituerait une contrefaçon sanctionnée par les articles L. 335-2 et suivants du Code de la propriété intellectuelle.

Anna Belle – Martial Bessou – Malo de Braquilanges – Cécile Ducomte
Coralie Griso – Yoann Laurent-Rouault – Ana Jan Lila – Laurence Paulmier
Jeff Rizz – Nathalie Sambat – Lili Saxes – Oriane de Virseen

Monoparentalité, Course en solitaire

JDH Éditions
Les Collectifs

PRÉFACE

En 1987, Jean-Jacques Goldman entrait dans le Top 50 avec une chanson évoquant le courage des mères célibataires. **Elle a fait un bébé toute seule**. Une manière de rendre hommage à ces mamans qui font trois journées en une avec ce texte à l'ironie douce, un hymne aux « mères célibataires qui avaient voulu l'être ».

Pourtant, si **la musique est bonne, bonne, bonne**, la chanson ne représente que celles qui ont « procréé » toutes seules, ce qui n'est qu'une infime minorité des familles monoparentales.

La monoparentalité : un terme importé de Grande-Bretagne dans les années 1970 pour imposer une place à ces familles atypiques au milieu des familles « traditionnelles » telles que définies dans une culture judéo-chrétienne. C'est une étiquette au nom presque sympathique pour un univers bien vaste et bien tortueux pour une majorité. 30 % des familles sont concernées et près de 85 % sont constituées par des femmes. Et si un mariage sur trois se termine par un divorce, il y a aussi des parents qui fuient leur parentalité, d'autres qui se protègent ou ne peuvent la vivre, et certains qui subissent la brutale disparition de l'autre parent.

Et comme beaucoup de personnes en marge de la norme, ces familles n'intéressent pas grand monde. Les injonctions de la société sont là, mais pas les soutiens. Celui qui, aux yeux des autres, a échoué à maintenir son couple, que la séparation soit subie ou choisie, on le stigmatise, on le juge, on le fait culpabiliser. Celui qui vit le deuil a droit à un délai raisonnable d'empathie au-delà duquel il faut se ressaisir, se battre contre les absurdités administratives, porter le poids de ne pas pouvoir défaillir alors que la famille entière est submergée par un tsunami traumatique.

Qu'elle soit en garde alternée, totale ou partielle, et quelle qu'en soit l'origine, la monoparentalité rime avec insatisfaction : surcharge mentale, pauvreté, solitude, difficultés à trouver sa place, épuisement, etc. Elle cache pour le plus grand nombre les mêmes souffrances et les mêmes difficultés. Des sujets tabous, vécus dans la plus grande indifférence, par des parents à qui on n'accorde aucune légitimité à la plainte. Des parents dignes qui, avec leurs histoires, leurs conditions ou leurs spécificités aussi variées que différentes, se battent, portent et supportent, seuls, une charge incroyable, avec cette unique obsession légitime d'offrir malgré tout le meilleur à leurs enfants.

Car ce sont eux les premières victimes de ces dommages collatéraux ! Quel adulte peut-on devenir lorsque l'on se construit avec des parents épuisés, stressés, surmenés, déprimés, inquiets, fauchés, maltraités ou qui se déchirent ? Comment peuvent-ils croire en l'humain alors que personne ne s'intéresse au sort de leurs parents ?

Il y a bien sûr des exceptions, mais les chiffres parlent et les témoignages sont irréfutables. La monoparentalité, un mot bien déshumanisé et simpliste pour résumer une histoire de vie !

Une véritable course en solitaire, trop souvent sans assistance, avec ses tempêtes, ses dérives, ses scélérates. Il faut tenir la barre, encaisser les gerbes d'eau, écoper, éviter les chalutiers, tenir des quarts, ne pas briser le mât et ne jamais perdre le cap…

Mettez vos gilets de sauvetage, attachez-vous à la ligne de vie, branchez votre balise et hissez la grand-voile pour ce voyage aux frontières des limites. Temps forts, ça va secouer !

Nathalie SAMBAT
Écrivain et directrice de collection chez JDH Éditions

Maman solo, citron pressé

Par Lili Saxes

Je ne m'assois pas dans le canapé, je m'y effondre. Mes jambes sont lourdes, mon dos me fait mal et la fatigue me brûle les yeux. Il serait plus raisonnable d'aller me coucher, mais cette pause est vitale. Je suis debout depuis 6 h 30 et profiter de mon salon au moins cinq minutes me semble un dû, même s'il est 23 h ! Je le regretterai sûrement demain matin lorsque l'horrible sonnerie, que j'ai sélectionnée pour me donner la force de me lever ne serait-ce que pour aller la couper, résonnera dans mes oreilles. Mais 5 minutes rien qu'à moi, sans bruits, sans sollicitations, sans speed, sans choses à gérer, c'est un cadeau que je ne peux pas me refuser.

Je reste là, à contempler mon intérieur éclairé de petites lampes douces et de guirlandes blanches. C'est cosy, je m'y sens bien. Mes larmes me reviennent, je crois que je suis épuisée. Personne ne pleure en découvrant que le lave-vaisselle n'est pas vidé au moment où l'on veut le remplir ? Aucune maman ne fond en larmes parce que le coucher un peu tardif des enfants a nécessité l'emploi du costume de gendarme pour que cela se passe plus rapidement ? Je déteste tant ce rôle ! Ce ne sont pas les enfants qui méritent ça, c'est le temps qui m'est accordé pour tout gérer qui me l'impose.

Cette journée n'a pourtant pas été différente des autres, ni pire, ni meilleure... C'est d'ailleurs ça le problème, j'ai l'impression d'être un petit pantin avec une manette dans le dos que l'on remonte tous les matins pour le faire avancer comme un robot.

Debout à 6 h 30, douche, petit-déjeuner, réveil des enfants, bataille avec eux pour le choix des habits, pour le choix du petit-déjeuner, rappeler toujours et encore les mêmes consignes : lavage des dents, se dépêcher, se coiffer, se dépêcher, mettre ses chaussures, se dépêcher, ne pas oublier son cartable, se dépêcher...

Courir les déposer à l'école, courir au travail, profiter des pauses pour caler un rendez-vous médical par-ci, gérer une tâche administrative par-là.

Courir les récupérer chez une nounou où ils sont super sages, subir leurs nerfs qui lâchent à la maison après cette longue journée, faire faire les devoirs qui durent trois fois plus longtemps que prévu à cause de leur état de fatigue, les envoyer à la douche pendant la préparation du repas tout en faisant des allers-retours dans la salle de bains, soit parce que c'est trop silencieux, et donc inquiétant, soit parce qu'ils confondent la salle de bains avec un parc aquatique.

Essayer de manger tôt pour faire une petite activité avec eux après le repas, entendre qu'ils ne veulent pas ce qu'il y a dans leur assiette parce qu'ils en ont déjà mangé à la cantine ce midi, que c'est mieux chez papa parce qu'il y a souvent des pâtes, débattre des activités du week-end. Leurs rêves : du poney, un parc d'attractions, aller à la patinoire... Mes capacités énergétiques : se coucher vendredi soir et se réveiller lundi matin. Mes capacités financières : sucer des cailloux !

Les écouter me raconter leur journée tout en pensant à ce qu'il me reste à faire : étendre la lessive, préparer le sac de piscine, répondre au mot de la maîtresse, préparer les invitations pour l'anniversaire, relancer leur père pour la pension alimentaire, envoyer un mail à mon banquier pour le faire patienter un peu, faire le bulletin de salaire de la nourrice, etc.

Ne pas voir le temps passer et transformer l'activité en lecture d'une histoire dans le lit, en lire deux, essayer de les calmer. Plus l'heure de la séparation approche, moins ils sont calmes. Devenir autoritaire pour qu'ils se couchent et les quitter fâchée.

Revenir dans ma cuisine, et pleurer.

Pleurer sur tout ce qu'il me reste à faire, pleurer pour la vie que je leur offre, pleurer sur la mienne. Étouffer mes sanglots pour ne pas qu'ils m'entendent. Étouffer tout court.

Maman solo, citron pressé

Aujourd'hui n'est pourtant « pas si pire », comme dirait ma fille. Il y a eu des soirées aux urgences pour un bras cassé, à l'école pour une réunion sur la prochaine classe verte, des allers-retours chez une copine de classe pour une erreur de cartable, chez le papa pour un oubli de sac de piscine, chez le vétérinaire pour la chatte « Je te jure maman qu'on s'en occupera » (mais finalement... non!), chez les voisins du dessous parce que ma machine à laver a essoré sur leur plafond, à pousser la voiture dont la batterie me ressemble un peu : elle ne tient plus la charge !

Il y a aussi le vendredi vomi, celui où ils rentrent de chez leur père avec les frustrations, les colères, les blessures qu'ils n'ont pas pu lui exprimer ou qu'il n'a pas su entendre. Ils me racontent des choses improbables qui me retournent le cœur, mais que je dois minimiser pour ne pas décrédibiliser dans leurs yeux ce papa qui se sert d'eux pour me tuer. Il n'a pas digéré mon départ, alors me détruire auprès de nos amis, de sa famille et de ses propres enfants, c'est une façon de ne pas voir sa part de responsabilité. C'est normal que je sois partie, je suis nulle, chiante, fainéante, fragile, bête, pauvre. Ne pas régler ses comptes d'adultes à travers les enfants, c'est pourtant la base !

C'est pourtant encore pire depuis qu'il y a une nouvelle femme dans sa vie : pour montrer à quel point elle est bien, ELLE, il m'enfonce encore plus, moi. Après 17 ans de vie commune, il me reproche ma façon de vivre, de penser, de faire, tout ce qui fait qu'il est resté aussi longtemps parce que ça lui convenait. Mais quel con ! Je me remettrais bien avec lui juste pour le plaisir de le requitter ! J'explique aux enfants que papa ne pensait certainement pas son « ta mère a vraiment des goûts de chiotte pour t'avoir acheté un pantalon pareil ! », c'était maladroit, mais sûrement pour taquiner ! Heureusement qu'aucune bulle n'apparaît avec mes pensées au-dessus de ma tête ! Ils y verraient leur père sur un bûcher, dans une catapulte géante ou scotché sur la pointe d'une fusée de cap Canaveral.

Il me tarde que le week-end arrive. Même si je sais que leurs deux petites bouilles vont venir me murmurer « On a faim » à 7 h alors que je ne les espère pas avant 10 h.

Que le petit-déjeuner va être ponctué de « Qu'est-ce qu'on fait aujourd'hui ? », alors que « riiiiiieeen ! » est la seule réponse qui me vient à l'esprit, mais elle n'est pas recevable pour eux.

Que les inévitables courses au supermarché vont être une avalanche de « Dis, maman, on peut prendre ça ? Tu peux nous acheter ça ? On peut goûter ça ? », alors que mon compte en banque pleure déjà à chaudes larmes.

Que je vais me transformer en sherpa pour un après-midi à la plage avec les bouées, le parasol, les crèmes, les serviettes, la trousse à petits bobos, le goûter, la boisson, les affaires de rechange, l'épuisette, les seaux, les pelles, les Playmobil, alors qu'ils vont jouer à creuser des trous qui se rejoignent sous le sable tout l'après-midi.

Que, fatigués par cette journée, ils vont être énervés toute la soirée.

Et que je vais finir par pleurer dans ma cuisine avec des larmes encore plus salées que d'habitude à cause de la mer, car je n'aurais pas encore eu le temps de me doucher !

Et puis arrivera le dimanche soir où, après un bref instant de soulagement, je pleurerai dans ma voiture une fois les enfants déposés chez leur père pour une semaine. Je repartirai avec un goût amer d'incomplétude, de culpabilité et de nouvelles promesses : la semaine prochaine, je vais mieux m'organiser, me reposer, je serai une meilleure mère, on prendra du plaisir à être ensemble.

Mais ce n'est pas une question d'organisation, ce serait trop simple ! C'est une question de surcharge mentale et de manque de temps. Il y a trop de casquettes pour une seule tête !

Il faut être salariée, infirmière, comptable, secrétaire, femme de ménage, animatrice, maître zen, chauffeur, cuisinière, gestionnaire de conflits, de plannings, tirelire, institutrice, philosophe, lingère, mère, père, etc. Je dois rester une femme, une active, une maman et une amie en portant tout ça toute seule. Je tiens parce que je les aime plus que tout et qu'ils me donnent une force incroyable, mais je tiens aussi parce que je n'ai pas d'autre choix. Ils n'ont rien demandé, c'est moi qui ai quitté leur père ! Que cela reste le plus transparent pour eux est de ma responsabilité. Alors, je courbe le dos et je porte mes casquettes sans me plaindre.

Il y a également cette pression sous-jacente de l'extérieur, comme si le monde m'observait pour voir à quel moment je vais me prendre les pieds dans le tapis ! J'en ai marre de devoir sans cesse me justifier sur mes capacités à assumer seule mes enfants ! Je défie n'importe quelle maîtresse ayant mis en doute mon autorité parce que mon fils n'a pas fait ses devoirs, n'importe quel employeur m'ayant trouvée trop « préoccupée » par mon téléphone à la réunion parce que ma fille avait de la fièvre le matin, n'importe quel proche pointant mon laxisme parce que je ne punis pas comme il l'aurait espéré, de faire aussi bien dans les conditions qui sont les miennes ! Et puis j'aurais été la même mère dans d'autres circonstances parce que je suis comme ça, pas parce que je suis seule ! Je ne suis pas une mère parfaite, mais personne ne l'est. C'est juste que moi, on me le fait remarquer parce que c'est plus facile de juger ce qui n'est pas dans leur norme. Mes enfants ont de l'amour, beaucoup d'amour, n'est-ce pas là l'essentiel ?

Par Lili Saxes

Je suis révoltée lorsque j'entends « Tu n'avais qu'à réfléchir avant de partir. Tu as fait un choix, maintenant, tu l'assumes ! » ou « Tu dois regretter ta belle vie d'avant ! ». Mais ???!!! Il y a eu des lobotomisations en série et personne ne m'a prévenue ? Heureusement que le bûcher n'existe plus, sinon je finissais en méchoui avec une milice de bien-pensants me demandant de me repentir pour avoir choisi d'exercer mon droit d'être libre ! C'est peut-être surprenant, mais je suis douée de réflexion et d'intelligence. J'ai fait le choix de partir pour plein de raisons qui sont les miennes. Ça ne fait pas de moi une personne qui mérite une vie de miséreux et de pénitent qui doit s'autoflageller !

Une connaissance me confie qu'il est déprimé les semaines où il n'a pas ses enfants et m'exprime toute la joie qu'il a à être avec eux. Ils font plein de choses ensemble, ils jouent, s'amusent. J'ai un pincement au cœur ! Mes semaines ne ressemblent pas aux siennes. Je suis sûrement une mauvaise mère, même en faisant tout ce que je peux. Je le regarde comme un extraterrestre. Mais comment fait-il ? Mes questions lui semblent étranges, mais peu importe. Je veux être comme lui !

Je comprends alors que la différence est financière. Il est chef d'entreprise, gagne bien sa vie et module son emploi du temps comme il le souhaite. Il a une femme de ménage, qui s'occupe de la maison, du linge et qui cuisine, une étudiante qui vient chez lui le mercredi pour garder ses enfants. Il se fait livrer les courses à domicile, emmène ses enfants au restaurant plusieurs fois par semaine, fait gérer son administratif par sa comptable et laisse son ex-femme qui ne travaille pas gérer les rendez-vous médicaux de ses enfants. Ses parents sont très présents également pour l'aider dans son quotidien. L'intégralité de son temps libre est dédiée à ses fils, sans aucune autre préoccupation. Il me montre ses photos de week-end dans les capitales européennes, dans les musées, les parcs d'attractions ou à la plage juste devant la résidence secondaire de ses parents sur la côte.

Sa voiture ou sa machine à laver ne tombent jamais en panne, tout est neuf. Il ne court pas le matin à la garderie, car il commence quand il veut et il les récupère à la sortie de l'école avec un goûter. Dans leur jardin, il y a un trampoline, une balançoire, un toboggan, une piscine. Dans le garage, des vélos, des rollers, des trottinettes, des skates, des jeux d'extérieur en tous genres. Et dans la véranda, un immense télescope pour observer les étoiles la nuit tombée.

Je voudrais qu'il m'épouse immédiatement, qu'il adopte mes enfants et qu'il fasse une place dans son garage pour la litière de mon chat ! Je n'envie pas son argent, mais juste le temps et la paix qu'il s'offre avec.

Je repense à mes amies qui vivent la même chose que moi. L'une est ATSEM (Agent Territorial Spécialisé des Écoles Maternelles) et veuve avec trois garçons. L'autre est fonctionnaire avec deux enfants en garde alternée. Notre groupe est solidaire, on se dépanne, s'entraide, nous nous échangeons les habits des enfants. Mais nous sommes toutes épuisées physiquement et moralement. Nous sommes le clan des « Pandas », à cause des cernes noirs autour de nos yeux, et nous aussi, au bord de l'extinction.

Nos vacances, c'est tous ensemble une semaine dans le coin le moins cher de France, dans un mobil-home où nous entassons dix personnes et qui ne peut en contenir que six. Les glaces, ce sont des sirops passés au congélateur tenant sur des cure-dents. Et les trajets, ce sont deux vieilles voitures remplies à ras bord avec un Saint-Christophe en porte-clés pour qu'elles tiennent sur les nationales. Les enfants sont dépaysés, s'amusent, et c'est bien là l'essentiel. Mais pour nous, c'est juste une semaine comme d'habitude, mais ailleurs. Aucun lâcher-prise !

J'ai pourtant un salaire correct. Mais il est trop haut pour bénéficier d'aides et pourtant insuffisant pour assurer une vie confortable à mes enfants ou financer une organisation compatible avec ma vie active. Travailler moins pour libérer ce temps précieux qui me manque tant, c'est m'enfoncer encore plus financièrement. Travailler plus, c'est carrément confier la garde de mes enfants à quelqu'un d'autre et c'est juste inenvisageable. Je culpabilise déjà assez entre la garderie du matin et la nounou le soir ! N'est-il pas absurde d'être obligée de travailler pour pouvoir payer des gens qui s'occupent de vos enfants pendant que vous travaillez ?

Persuadée de ne pas gérer comme il faut mon budget et mon temps, j'ai essayé de comprendre comment faisaient les femmes dans la même situation que moi pour s'en sortir. Et le constat est sans appel, les chiffres sont effarants.

Voici un état des lieux paru dans le journal *L'Express* le 16/12/2015 d'après une étude de l'INSEE sur les couples et les familles :
– La perte de niveau de vie directement imputable à la rupture est de l'ordre de 20 % en moyenne pour les femmes, mais de 3 % pour les hommes.

– Après la séparation de leurs parents, 75 % des enfants vivent chez leur mère, 17 % en résidence alternée et 8 % chez leur père.
– Le taux de pauvreté de ces familles monoparentales est très supérieur à celui des couples avec enfants : 40 % en 2015 contre 14 % en 2011 !
– Comme la garde revient le plus souvent aux femmes et que les hommes reforment un couple plus rapidement que les femmes, une fois encore, ce sont les femmes qui sont le plus touchées par cette inégalité de richesse.
– Les femmes seules avec des enfants à charge qui travaillent à temps plein pour un salaire allant du SMIC à 1 800 € net environ ne vivent pas, elles survivent, tant financièrement que moralement et socialement.

En effet, dans une tranche de revenus qui rend inaccessibles beaucoup d'aides sociales, le pouvoir d'achat de ces femmes n'est que peau de chagrin. Elles comptent tout au plus juste pour assurer un toit en HLM, un minimum alimentaire et vestimentaire à leur famille. Il ne reste rien ou très peu pour les loisirs, le soutien scolaire, les vacances, les soins, les envies des enfants, des vêtements non fabriqués au Bangladesh, de la nourriture qui ne sort pas des usines Tricatel, etc.

Loin d'elles les possibilités de pouvoir financer un cours particulier, une aide ménagère ou un accompagnement de psychologues souvent nécessaire pour les enfants de divorcés.

Loin d'elles également la possibilité de participer à l'effort écologique en consommant du made in France, du bio ou des véhicules sécurisés et non polluants.

Ces femmes sont dans la tranche d'âge et dans le modèle économique qui devraient consommer le plus. Elles doivent assumer les mêmes dépenses qu'un couple avec enfants avec un seul salaire pourtant moins élevé. Dans les faits, ces femmes ne font que survivre et parer en permanence aux urgences.

En plus de cette situation économique précaire, elles doivent assumer au quotidien une double journée : salariée la journée et mère et père tout le reste du temps avec un planning extrêmement surchargé et tendu. Les soirées sont courtes, intenses, épuisantes et souvent peu qualitatives et attractives pour les enfants.

Pour beaucoup d'entre elles s'ajoute une solitude encore plus grande lorsque la famille est éloignée, ce qui est mon cas, ou que les liens sont coupés. Il n'existe alors pour elles aucun relais ou soutien au quotidien, que cela soit dans l'éducation, la garde, l'accompagnement.

Cette accumulation de stress liée au manque d'argent et au manque de temps engendre une morosité, un sentiment d'échec, voire de la déprime, dans cette catégorie de la population de plus en plus importante en nombre.

Ces situations ne sont absolument jamais prises en compte par la Caisse d'allocations familiales, ni par les différents acteurs sociaux qui stigmatisent ces femmes plus qu'ils ne les aident. Il faut encore et toujours se justifier, rendant la démarche humiliante et la procédure décourageante.

L'impact d'une telle vie sur les enfants n'est pas neutre. Quels adultes sommes-nous en train de construire avec cette image de la société qui montre que l'effort et le travail ne garantissent pas une vie sereine et financièrement sécurisée ? Quelle envie auront-ils plus tard de se donner à une société qui n'a rien fait pour adoucir leur enfance et qui les a laissés témoins de la pénibilité de la vie ?

À l'inégalité homme-femme s'ajoute cette injustice de la monoparentalité qui impacte une grande partie des femmes et des enfants.

Il est urgent de proposer à ces familles des solutions concrètes, durables et significatives pour soulager les actives d'aujourd'hui et redonner l'espoir aux adultes de demain.

J'ai écrit à des députés, à des élus pour raconter ce quotidien de forçat. J'ai reçu quelques réponses de soutien et l'engagement d'une prise en compte de mes remarques dans leurs programmes. Mais comme souvent en politique, les problématiques des uns ne restent que les outils de communication avec intérêts électoraux des autres.

Je suis profondément une bonne mère ! C'est ce système régi par les finances qui est absurde et maltraitant.

Frère et sœur

Par Ana Jan Lila

On parle souvent des parents seuls, des mères, des pères… Mais savez-vous qu'il y a aussi des sœurs et des frères seuls et aux prises avec le même problème ? Qu'il n'y a pas seulement les parents qui élèvent des enfants ?

Oui, c'est aussi un autre combat.

Oui, un combat, car je suis devenue mère sans accouchement, sans livret de famille et sans pension alimentaire ni allocations.

Les familles explosent et se volatilisent. Les relations familiales heureuses d'autrefois ne sont plus que cris et lamentations. Tout n'est plus que pertes et fracas. Le résultat d'une séparation parentale peut avoir des conséquences bien plus douloureuses que ce que l'on pense. Pour certains, c'est une libération, mais pour d'autres, c'est un calvaire.

Et les enfants dans tout ça ?

Entre aliénations parentales, chantages affectifs, deux maisons différentes, les week-ends chez l'un, puis les semaines chez l'autre, l'enfant perd peu à peu ses repères. Le monde continue de tourner, le temps de s'égrainer, tous vaquent à leurs occupations. Certains construisent une autre famille, d'autres préparent un autre avenir égoïste dans lequel le passé n'a plus sa place.

Le quotidien d'une sœur isolée, c'est d'affronter celui d'une mère ou d'un père. De devenir les deux en une seule et même personne. Démissionnaires, dépassés, aux prises avec leurs démons, multiples sont les raisons qui font que de sœur aînée, vous devenez mère. Que de votre jeune frère, vous tentiez par tous les moyens d'en faire un homme, comme le dit l'expression…

Alors, comme une maman, on câline, on s'inquiète, on tient tout à bout de bras et d'amour. À coup de « je t'aime », à coup de gueule, on étreint cette relation qui sort de son cadre traditionnel.

Me voilà tutrice pour un enfant qui ne m'a rien demandé, mais que la désertion parentale oblige à vivre avec sa sœur aînée. Lui n'a rien demandé non plus. Il voulait juste grandir normalement. Pas devoir affronter tout ça.

On se fait refouler dans les écoles ou les diverses administrations, car on n'est « rien » légalement, et pourtant, pour ce gamin, on résume sa vie. On devient son monde.

Légalement ?

Voilà un terme qui m'énerve au plus haut point.

Pourquoi un « juge » a le pouvoir de décider de ce qui est le mieux pour l'enfant sans tenir compte de son affection et de son choix ?

Il faut devenir le tuteur légal. « Tutrice reconnue »…

Reconnue pour en faire quoi ?

Pour signer une autorisation, pour signer le carnet de correspondance et autoriser la punition ? Pour cautionner une licence de sport ?

Les réunions, les convocations, les signatures, les rendez-vous chez le dentiste, le médecin, ces endroits où l'on vous regarde avec pitié, mais sans compassion, où l'on vous juge sans comprendre, nécessitent d'être un représentant légal.

Représentant ?

En voilà un autre de terme…

Être là pour l'enfant, lui fournir un toit au-dessus de la tête, le vêtir correctement, le faire manger, l'emmener au sport, faire des sorties diverses, l'aider dans ses devoirs et ses projets d'avenir, le soutenir dans ses ambitions, l'écouter, le punir lorsque nécessaire, être présent dans ces moments de doutes et de joie, lors de l'obtention d'un diplôme ou d'un spectacle, l'aimer.

N'est-ce pas tout cela et plus encore de représenter un enfant ?

Oui, c'est difficile.

Oui, tout vacille.

On soigne les bobos du corps et du cœur, la tendresse se mêle à la détresse, on creuse un puits d'amour et on s'y jette.

Parfois, nous sommes submergés, la pression est extrême, le poids légitimé qui pèse sur nos épaules paraît immense.

Nous ne sommes pas des machines, et parfois, le corps et l'esprit lâchent, mais il faut rester debout, gagner sa vie, donner un sens à tout ceci et à l'avenir de l'enfant.

L'apparence devient une alliée. On sourit. On rit. Cet enfant te donne la force de te lever le matin et d'affronter le quotidien, malgré tous les doutes, il apporte de la joie, celle qui fait qu'un de ses sourires peut chasser les mauvaises pensées. Les jugements trop sévères avec lesquels on se flagelle s'éloignent.

De jeune fille à femme, de bonniche à robot, de sœur à mère.

Un sourire planté sur la figure, masquant que les larmes sont au bord des yeux pour encore et toujours sauver les apparences.

De la maison à l'école, des devoirs au ménage, du pas de course aux courses… Journées harassantes avec en toile de fond les soucis financiers, administratifs et affectifs.

Il y a des moments dans la vie qui nous imprègnent si fort que notre âme en est profondément endommagée. Le sommeil lourd se fait léger. L'insomnie se mêle aux soucis. On ne dort pas lorsqu'il est malade, on angoisse lorsqu'il sort de la maison. Le monde est tellement dangereux qu'on a peur. Réalité anxiogène sur visage en peine. À en oublier sa propre adolescence, pourtant pas si loin.

On dit que l'amour est plus fort que tout, et c'est vrai, la rage au ventre, je donne tout pour cet enfant à la dérive. Pour mon petit frère.

Non, tu n'es pas condamné !

On ne survole pas les problèmes, on y fait face.

Et nous triompherons malgré nos parents !

Il faut savoir accepter que l'on ne puisse ne pas être sur tous les fronts, que parfois, les circonstances ne facilitent pas les choses, qu'on est humain, tout simplement.

Sa réussite sera la récompense de toutes ces tempêtes affrontées pour l'aider à « être », être une personne équilibrée et heureuse.

Toute la complexité est qu'à l'adolescence, les traumatismes et la rébellion ne font qu'un. Comment cet adolescent un peu perdu, et qui a l'âge où l'on se pense immortel, peut-il comprendre ce que nous-mêmes n'avons compris qu'à l'âge adulte ?

On veut toujours le meilleur pour les personnes qu'on aime, j'aimerais prendre son mal sur moi et ainsi soulager ses épaules, effacer sa tristesse qui me renvoie à mes propres failles, à mes propres blessures, à mes incapacités. Car oui, en tant que parent, il faut savoir reconnaître ses erreurs et ses manquements, et avouer quand on a merdé !

Malmené par la vie, on lui donne confiance en lui pour qu'il se construise malgré les déceptions qu'il rencontre. Le chemin est long et semé d'embûches, mais on lui montre que malgré la déception, il faut continuer d'y croire, qu'il y a du bon en chacun et que les relations humaines valent le coup. On lui apprend à se méfier, car on ne peut pas faire confiance à tout le monde, malheureusement. Mais on explique aussi qu'il faut garder les personnes bienveillantes et aimantes auprès de soi comme on conserverait des pierres précieuses. Le mal et le bien qui se confondent invariablement se distancent et laissent place à la lumière évidente, éblouissante, de son futur parcours. C'est tout ce qu'on lui souhaite, tout ce que l'on espère. De tout son cœur, on lui souhaite le meilleur. Comme on donne les clefs d'un appartement, on lui donne les clefs pour réussir et affronter la vie.

Cet instinct maternel ou paternel que l'on développe à la venue de l'enfant, paraît-il, je dirais que c'est une connerie. En y réfléchissant, certaines mères et certains pères ne s'occupent pas de leur progéniture, les maltraitent, les abandonnent et j'en passe. Où est l'instinct dont on entend si souvent parler ?

« Tu verras quand tu seras mère, tu comprendras. »

« Tu verras quand tu seras mère, ça viendra tout seul. »

Des phrases si souvent entendues par la majorité. Alors qu'a contrario de ces parents inexistants, des hommes et des femmes aiment et s'occupent de ces enfants comme s'ils étaient les leurs. Si ce n'était pas le cas, l'adoption n'existerait pas.
Instinct maternel et paternel donc…
Je ne suis pas d'accord.
Instinct d'amour plutôt.
Comme l'instinct de survie peut nous maintenir en vie, l'instinct d'amour permet d'aimer.

Comment aider ces enfants ?
Les aimer ne suffit pas.
Comment combler le manque d'un père, d'une mère dans leur toute jeune existence ?
Pallier ce manque terrible, affectif, dans lequel ils s'enferment ?

Je n'ai pas cette réponse.

Les questions tournent en boucle dans ma tête.

Alors on multiplie les rendez-vous, éducateurs, psychologues, points d'écoute, assistantes sociales, on fait tout ce qui semble nécessaire pour l'aider à se construire. Toutes ces structures disent qu'il faut du temps, de la patience.

Comment faire lorsque cet enfant « fragilisé » a des conduites à risque ? Un parent le punirait et lui ferait la morale. Mais en tant que sœur, comment se positionner ? Oui, on fait la morale, en expliquant toutes les conséquences de ce qu'engendrent ses actes, autant face à la loi que sur la santé et sur lui-même.

Et après ?

L'enfant qui tente par de mauvais comportements, aussi graves soient-il, d'attirer l'attention de ses parents, doit-on le punir ?

Moi, je le comprends.

Que faire lorsqu'on a dix ans ou quinze ans ?

Quels sont ses moyens face au manque de maturité ?

Pardonnez-moi, mais c'est de l'empathie que j'éprouve face à ses bêtises.

Pas de la colère pour ses actes.

Ils ne sont que le fruit des actes d'autrui.

Je suis triste lorsque, les yeux brillants, il me dit que nos parents lui manquent, que son autre frère lui manque ou encore que sa maison d'enfance lui manque. Je culpabilise parfois, car j'évite ces conversations douloureuses ; sa souffrance, je la ressens comme si j'étais une éponge et, je l'avoue, ce n'est pas facile à gérer. Je ne peux pas lui dire que sa souffrance me fait mal. Que mon cœur se serre lorsqu'il me sourit et que son regard, lui, est triste.

Puis viennent les visites chez l'un des deux parents, celles où l'on se raconte nos semaines passées autour d'un repas, en évitant soigneusement le sujet qui fait mal. Le conflit et la discorde. Un père reste un père. Une mère reste une mère. Quoi qu'il se passe, quoi qu'ils fassent. C'est comme ça. Petit à petit, certains liens se renouent au détour d'un sourire, d'un geste affectueux, même maladroit. Le quotidien d'une sœur seule, c'est un peu cela. Du moins pour moi.

Cet enfant, cet adolescent, cette fille, ce garçon, on le soutient.

On le fait grandir.

On l'aime, tout simplement.

Sans faux-semblants, sans attente.

L'homme de la maison

Par Malo de Braquilanges

Il y a cette photo que je regarde souvent. C'est drôle de l'avoir gardée, parce que je ne me souviens pas du moment où elle a été prise. Aujourd'hui, elle est dans un album que je sors de temps en temps, pas trop souvent. Un temps, elle a été accrochée chez nous, au début je crois, je ne me souviens pas, mais il y a des traces de punaises dans les coins. Puis elle a dû être rangée quelque part, et je l'ai emportée.

Je ne me souviens pas du moment, mais je me souviens de cette période, du moins par morceaux. Je ne suis pas sûr que tout soit vrai, on a pu me raconter des choses qui sont venues se coller et se rajouter comme si elles faisaient partie de ma mémoire. L'important, c'est que c'était la période d'avant. J'ai toujours eu l'impression que c'était une période bénie. J'étais heureux, sûrement, c'est vrai, mais au fond, c'est surtout par contraste. Sur la photo, on voit un bout de jardin, une haie derrière, il fait beau et nous sommes tous les trois, mes parents et moi. Je suis tout petit, à peine je me reconnais. Je dois avoir trois, quatre ans, pas plus, puisque plus tard, plus grand, une photo comme ça n'aurait pas pu être prise. Mes parents sont ensemble, mon père a la main sur l'épaule de ma mère et ma mère sur la mienne. Ma mère sourit à l'objectif, forcément, ça n'a pas pu être plus tard. Je regarde la photo de temps en temps, je l'ai souvent sortie de son album, dans ma chambre, adolescent, quand il a fallu faire des efforts pour se rappeler qu'un jour, ma mère et mon père ne se détestaient pas. Il fallait faire des efforts pour se dire qu'ils s'étaient aimés et que moi, j'étais le fruit de cet amour.

Il y a ce moment, je me rends compte que j'y reviens parfois, encore aujourd'hui, de loin en loin, j'ai besoin de le raconter, de remettre des mots dessus. Je ne sais pas si c'est pour raviver le souvenir, comme un devoir de mémoire, si c'est une allégeance un peu tordue à ce point de bascule dans mon existence, comme pour m'incliner devant son importance, ou bien peut-être j'y reviens pour le conjurer, l'affronter encore et peut-être un jour le vaincre. J'en parle guidé par une conversation, parfois c'est plusieurs fois à la même personne, je ne me rends pas compte. J'y reviens par des chemins différents, j'ai l'impression que beaucoup de choses de moi prennent leur source à ce moment-là, sur le balcon de notre ancienne maison.

Ce moment, bien sûr, c'est celui de la séparation de mes parents. Plutôt le jour où mon père est parti. J'avais cinq ans, j'étais tout seul à l'étage, sur le petit balcon qu'on avait et qui donnait sur la rue. C'était le matin, je devais jouer. Mes parents étaient en bas ; moi, je ne savais pas ce qu'ils faisaient, s'ils se disputaient ou s'ils pleuraient, peut-être. Je ne savais pas que mon père avait fait ses bagages et qu'il avait déjà porté un sac de voyage dans la voiture. J'ai compris quand je l'ai vu sortir de la maison avec une petite valise à roulettes, je ne sais pas comment, mais j'ai compris qu'il ne partait pas seulement en balade ou en voyage ou que sais-je. Alors, je lui ai demandé, j'ai dit : « Est-ce que tu vas revenir ? »

Ensuite, mon père a levé la tête vers moi. C'est étrange de voir son père d'en haut comme ça, quand on a cinq ans et qu'il est si grand pour soi. Je me souviens que j'aimais le guetter au retour du travail pour m'amuser à voir le sommet de son crâne quand il passait sous le balcon. Ce jour-là, mon père a levé la tête et il a souri un peu, il m'a fait un signe de la main et il a répondu : « Je ne sais pas. »

Voilà, c'est ce moment-là qui a été le début de tant de choses pour moi. Il y a cette maison dont je me souviens comme si on y habitait encore, avec l'escalier qui menait à l'étage et sa rambarde en métal où je m'accrochais et qui était creuse. En principe, il y avait une sorte de boule en métal en haut du garde-corps. Elle avait disparu, on pouvait voir la rambarde creuse et y passer les doigts. Un jour, j'avais fait glisser une bille qui est restée bloquée en bas et qui doit y être encore, sûrement, si la maison est toujours debout. Plus tard, ma mère et moi avons déménagé dans un petit appartement du centre-ville, puis dans d'autres appartements, puis j'ai déménagé moi aussi, ailleurs. Cette maison n'est même pas celle où je suis né. Mes parents y sont restés seulement deux ou trois ans, mais c'est celle où il y a eu ce moment-là, alors ça reste pour moi notre maison, la maison d'avant.

Je pense à mon père avec son geste de la main un peu ridicule et sa voix qui s'est cassée quand il n'a pas pu me mentir et qu'il a dit « je ne sais pas », et je me demande s'il s'est rendu compte que cet instant resterait gravé dans ma mémoire. Et moi, j'ai cru à ce moment-là que je ne le reverrais plus.

Il y a cette photo que je tiens dans la main maintenant et puis ce moment-là, et puis par-dessus, il y a les dix, ou plutôt quinze années qui ont suivi, avant que je devienne adulte, quand je vivais encore entre eux deux. Eux deux qui m'ont toujours aimé, je ne remets rien en cause, je ne me plains pas, j'ai toujours reçu l'amour qu'il faut à un enfant. Mais ils m'ont mis entre eux et m'ont jeté l'un à l'autre pour se faire du mal, sans voir que moi aussi, je prenais des coups.

Je n'ai jamais bien su pourquoi ils s'étaient séparés vraiment. Il y a les versions officielles, celles racontées par les uns et les autres au fil des années. Est-ce qu'il y a eu d'autres choses ? Peut-être que l'un ou l'autre est allé voir ailleurs ? Peut-être une autre raison ? On n'a pas voulu me le dire, je ne sais rien, et d'ailleurs, je ne tiens pas à le savoir, ça ne me concerne pas, finalement.

Ce n'est pas ça qu'ils m'ont dit. Ils me parlaient l'un de l'autre, comme on parle de son ex-femme ou de son ex-mari, avec amertume et même avec rage. Ils n'ont pas pensé que l'autre, c'était aussi mon père et ma mère, en oubliant que ce qu'ils disaient, j'allais le garder pour toujours.

Il y a un âge où les parents tombent de leur piédestal, c'est naturel, on les voit soudain sous un jour nouveau, avec leurs faiblesses et leurs rides et leurs manquements. C'est sain, ce moment où un enfant devient capable de regarder ses parents pour ce qu'ils sont. Pour moi, ça a été différent ; pour moi, le piédestal avait été dynamité bien avant ça. Tu vois comme il est en retard pour venir te chercher, tu vois comme elle n'est jamais là pour voir ton match, évidemment, il a encore oublié la moitié de tes vêtements, elle t'emmène vraiment en vacances avec ce type ? Alors c'était devoir se changer en arrivant chez mon père parce qu'il disait que ma mère m'habillait n'importe comment, alors c'était entendre parler de pension alimentaire et de dépenses et de ce que je coûtais. C'est ça qu'ils ont utilisé pour faire la guerre à travers moi, pour faire de moi une arme pour frapper l'autre. Des petites phrases, des remarques, en espérant faire pencher la balance de leur côté. Et il fallait taire ce que je vivais chez l'un à l'autre, cloisonner mes deux vies, quand tout ce que je pouvais dire se transformait en arme dans leur guerre. Le pire, c'est que ça a marché, j'ai probablement eu des phrases, moi aussi, disant à ma mère qu'elle était une mauvaise mère, que je voulais aller vivre chez mon père, que lui seul me comprenait. Ou l'inverse, selon les époques, selon qui gagnait du terrain à ce moment-là sur la carte de mes préférences en forme de champ de bataille.

Bien sûr, plus tard, j'ai pu apprendre à avoir mon propre regard. Mais comment en être sûr vraiment ? Comment faire le tri entre mon jugement propre et ce qui m'a été dicté ? Il y a des rancœurs qui datent de la nuit des temps face aux petits abandons d'une mère. Qu'y a-t-il dans leur source vraiment, de blessures sincères en cicatrices téléguidées, de couteaux tournés dans des plaies d'enfant ? Ce n'était pas à moi qu'ils pensaient, et je n'ai aucun reproche à faire. Je ne suis pas juge de leur bataille et de leurs douleurs. Je ne suis pas là pour compter les points. Reste que ce sont toujours les enfants qui prennent, victimes civiles collatérales en temps de guerre.

Ensuite, il y a eu les années grises. Elles sont un peu floues, aujourd'hui. Elles ont été faites de cris, de frustrations d'enfant, de désespoir pour ma mère, de joies partagées, aussi. Ça a été les années où ma mère a dû m'élever seule, puisque, bien sûr, je vivais chez ma mère, comme les juges l'ordonnent presque toujours. Les années de trop de travail, de fins de mois dans le rouge, d'impuissance pour ma mère quand c'étaient mes amis qui avaient les plus beaux vêtements, les plus gros cadeaux, les meilleurs téléphones. Les années de frustration pour moi, puis de rages rentrées, qu'il ne fallait pas montrer à ma mère pour ne pas la blesser plus. Il ne fallait pas dire que ça ne suffisait pas, ni les efforts fournis, ni les heures supplémentaires, ni les hommes qu'elle a laissé filer pour mieux s'occuper de moi. Il fallait faire sa part, laver et réparer la voiture, en faire un peu plus que dans les autres familles, sûrement, puisqu'on manquait de bras.

Ce n'était pas seulement ça, je veux dire, ce n'était pas seulement la matérialité des problèmes, l'argent, ma mère débordée, les tâches ménagères, il y avait autre chose qui pesait sur moi. Ce quelque chose, c'était une petite phrase, dite pour la blague, et puis répétée comme une habitude, par ma mère, souvent par d'autres, des amis et des tantes de passage. Une petite phrase dans laquelle il y avait le poids du monde : « Maintenant, c'est toi l'homme de la maison. » Désormais, depuis que mon père était parti avec sa valise à roulettes, c'était moi l'homme de la maison, avec tout ce que ça impliquait de valeurs patriarcales encore renforcées par mon regard d'enfant, avec dans la phrase des torches et des lances et des grottes préhistoriques, des chevaliers en armure et des baïonnettes au canon, des voitures et des fleurs à rapporter le soir. C'était tout ça, et moi, j'avais douze ans et je n'étais ni l'homme de la maison ni même un homme tout court.

Et maintenant, qu'est-ce qu'il reste de ça en moi ? Qu'est-ce qu'il reste de cet homme de la maison que je ne savais déjà pas être, dans ma maison d'adulte ? Un peu trop de poids sur mes épaules, celui des faux modèles et des paroles idiotes dites à des enfants sans en mesurer la portée, un peu trop de poids qui pèse maintenant sur mon couple à moi.

Alors, ça a été le moment où mon père a été le plus brillant, sa vie la plus enviable, par contraste sans doute, dans mon esprit. Parce qu'il y avait la petite phrase sur la pension alimentaire versée par lui et qu'il y avait les nouvelles tennis qu'il m'achetait le samedi et la pizza prise sur le port ou à la maison devant la télé. Évidemment, parce que n'ayant pas à s'occuper de moi au quotidien, il avait le beau rôle, celui des vacances une fois sur deux et des voyages, des « tu peux te coucher un peu plus tard, pour une fois, ce n'est pas si grave », quand ce n'est pas lui qui me récupérait le lendemain harassé et qu'il fallait encore me faire faire mes devoirs. Il n'a pas fait exprès d'avoir cette position, pas fait exprès sans doute d'en profiter, voire d'en abuser, n'empêche, forcément, mon père avait gagné, à ce moment-là, la guerre idéologique, celle du *soft power*, contre une mère dont les cheveux étaient ternis par le stress et la fatigue du travail trop dur.

Il m'a fallu du temps pour voir ça, l'héroïsme discret de ma mère. J'avais quatorze, quinze ans peut-être – les yeux s'ouvrent tard chez les garçons – quand j'ai posé cette question stupide. On était tous les deux en train de dîner, ma mère et moi, dans un petit appartement encore, sur la petite table ronde avec le plafonnier un peu vieillot au-dessus, j'ai demandé, en me servant de l'eau et comme si de rien n'était : « Pourquoi est-ce que tu ne sors pas avec d'autres hommes ? » Ma mère m'a regardé et elle a lu la fin de la phrase que je n'avais pas dite : comme papa. « Pourquoi est-ce que tu ne sors pas avec d'autres hommes comme papa fait avec des femmes », qu'elle a pu supposer plus jeunes et plus belles, sans doute à raison. Elle a souri, et dans ce sourire, il y a eu toute la brisure de sa vie stoppée dans son élan par son divorce, tout le bonheur promis et auquel elle n'avait plus droit désormais, parce qu'il fallait être mère avant d'être femme. Elle a dit : « Je n'y tiens pas, pour l'instant. » Et c'est là que j'ai compris où se logeait le désespoir de ma mère. Que malgré tout, une partie d'elle attendait mon départ, ou au moins que je sois un peu plus grand, comptait les jours jusqu'à ce que j'aie suffisamment d'autonomie pour qu'alors elle puisse se dire : « À mon tour. » Malgré tout son amour, en dépit de la peur qu'elle avait de me voir partir, justement ce même événement, la déchirure et la délivrance mêlés. Et c'est là que j'ai compris la noblesse cachée de la vie de ma mère, et du même coup le confort nonchalant, un peu égoïste, de celle de mon père.

Puis ça a été le retour de balancier, en conséquence, sans le vouloir, ma mère regagnait du terrain, j'étais de son côté de nouveau, je m'opposais à mon père avec toute la fureur de l'adolescence. Alors, ça a été le temps du grand procès, procès de mon père, bien sûr, le temps des soirées passées à s'engueuler et des refus de le voir, de l'histoire reconstruite, le temps de le tenir responsable de tous les maux, parce que c'était lui qui était parti, parce qu'il ne nous avait pas assez aidés, parce qu'il avait abandonné ma mère et moi avec. Il y a eu ce nous dressé contre lui, ma mère et moi, et lui seul face à ça. À ce moment-là, c'est moi alors qui ai été en guerre, c'est moi qui ai frappé et qui ai blessé. J'aimerais que tu ne sois pas mon père. J'aimerais que tu disparaisses de notre vie. J'aimerais ne plus jamais te voir. Et lui, le visage dur qui encaissait les coups, comme s'il ne fallait pas montrer sa blessure à l'ennemi, et le soir sûrement seul et le visage en larmes secrètes. C'est là qu'a été ma faute, en tout cas, c'est en repensant à ça que j'ai le plus mal, ce sont mes heures sombres, les heures d'avoir été un salaud. Pourtant, qu'est-ce qui était ma faute là-dedans, ma faute réelle, quand j'étais seulement un adolescent qui souffrait de ne pas avoir ses deux parents ensemble comme au dîner dans les familles heureuses, où j'allais parfois passer le week-end, invité par des amis ? Quand j'étais un enfant encore qui se débattait avec sa mère seule pour l'aider à grandir et avec l'homme de la maison qu'il fallait être et son père qui était parti ? Peu importe, il n'y a pas de fautes, seulement des coups donnés et reçus ; finalement, c'est la guerre qui nous a gardés ensemble, tous les trois.

Voilà, il y a eu tous ces moments. Certains épisodes, je les revois très nettement, avec leurs décors et jusqu'à l'odeur encore de ce fameux dîner avec ma mère, jusqu'à la couleur de la nappe qu'elle s'efforçait de mettre à chaque repas, même si ça voulait dire plus de travail et plus de lessives. Je me souviens aussi des bons moments, des rires, avec ma mère encore quand elle voulait absolument m'apprendre à danser le rock, un soir dans notre petit salon, parce qu'un jeune homme doit savoir danser le rock et la valse, et elle avait l'air heureuse. C'étaient des moments comme des perles et on les partageait.

C'étaient aussi les virées en voiture avec mon père le samedi. Il mettait de vieux disques dans le lecteur et il me disait : « Tu sais, ça, c'était mon premier concert. » Je l'imaginais jeune, avant le balcon, même avant ma mère, et j'avais du mal à croire qu'il ait pu avoir vingt ans.

Il y a tous ces moments et ils m'ont tous façonné. C'est pour ça que je bute encore sur cette histoire du balcon que j'ai racontée à mes amis intimes au fil des années, que je continue de raconter, parce que c'est ça qui m'a fait et c'est ça qu'il faut savoir pour me comprendre. C'est étrange de se demander quelle partie de moi est née de leur déchirure. Comment aurais-je été s'ils étaient restés ensemble ?

Il y a une liste des blessures et une liste des traumatismes, depuis le péché originel du balcon. Il y a cette angoisse que j'ai en moi et qui surgit parfois, à propos de tout et de rien. C'est ne pas être sûr de la solidité de l'existence, comme on doute du rail dans les montagnes russes, comme si le décor pouvait s'écrouler. Forcément, j'ai cette impression que tout peut s'écrouler, forcément, puisque c'est déjà arrivé. Alors, pourquoi pas encore, difficile de croire en tout ce que j'ai construit, renforcé, comment être sûr de la solidité des nœuds ? C'est drôle, parce que ça concerne bien sûr les choses importantes de la vie, les fondamentaux. On connaît ces histoires, les enfants de couples divorcés ont souvent peur de l'abandon. C'est vrai aussi pour l'anodin, le concret, la porte qu'il vaut mieux verrouiller, la fenêtre que je ne suis pas sûr d'avoir bien fermée, ni le gaz, ni toutes les choses qui pourraient lâcher et faire exploser les cadres de mon existence, ou bien partir un matin avec une valise à roulettes. Alors, qui aurais-je été, s'il n'y avait pas eu tout ça ? Est-ce que j'aurais été plus serein ? Est-ce que j'aurais accepté plus vite d'épouser celle qui est désormais ma femme ? Est-ce que j'aurais mieux agi dans les histoires qui ont précédé, moins saboté pour éviter le naufrage, moins blessé avant d'être blessé ? Sans doute. Peut-être aussi qu'il n'y a pas que ça, il y a sûrement d'autres causes, je ne suis pas né sur ce balcon. Reste que maintenant, c'est difficile à dire, d'où partent les fils où je suis accroché, maintenant, on ne voit plus les traits de construction.

Si je suis différent de ce que j'aurais dû être, est-ce que je suis la version défectueuse, endommagée pendant le voyage ? Est-ce que ce sont des blessures qui m'ont défiguré l'âme, remplacé la pureté de ce que j'allais devenir par l'angoisse et la peur de l'abandon et la pression des places à prendre ? Peut-être. Peu importe. Tout ne s'explique pas par ça, avoir eu une mère seule, avoir eu un père par intermittence, m'être retrouvé entre les deux, ballotté et changé en chair à canon. Cela fait partie de moi maintenant, et finalement, je suis la seule version qui existe pour pouvoir en témoigner. J'imagine que ça met fin au débat. Il y a ces moments que je garde, une photo où nous étions tous les trois heureux, un matin sur le balcon d'une maison avec un escalier à rambarde, une pizza sur le port avec mon père. Ce sont des moments que je chéris, chacun à leur manière, je leur dois tout. Je continuerai à regarder de temps en temps la photo qui dort dans son album, et à me retourner sur l'enfant que j'ai été. Il faudra juste penser à dire à ma mère combien je l'admire pour ce qu'elle a été, à dire à mon père qu'il n'est pas secondaire dans ma vie, et puis il faudra penser à leur pardonner, peut-être.

Ma vie en 3D

DDASS, Dèche et Douche froide

Par Anna Belle

J'ai chaud !! Normal, nous sommes en juin et en plein déménagement. Je quitte un lieu pour un autre, un de plus ! J'ai l'habitude de partir pour ailleurs : quitter la pouponnière pour une famille d'accueil, une famille d'accueil pour une autre, une famille d'accueil pour un foyer, un foyer pour la rue, la rue pour un camp de manouches, un camp de manouches pour un foyer, mais pour jeunes mères célibataires celui-là, puis pour un studio, et enfin pour un HLM, « LE » HLM ! C'est celui de la rue des Chenevières, grand et pas cher. Mais aujourd'hui, c'est différent, car j'ai un vrai logement avec une vraie chambre pour mon fils, un moitié moi-un moitié manouche ! Gaël a 3 ans, une tête d'ange, blond aux yeux bleus et en partie le caractère de son père, que j'ai quitté il y a 2 ans déjà…

J'ai rencontré son père Paco lorsque je me suis retrouvée à la rue, un soir d'octobre. La DDASS, direction départementale des Affaires sanitaires et sociales, cette magnifique institution sur laquelle j'aurais tellement à dire, m'a informée avec autant de simplicité que de violence : « Tu as dix-huit ans à présent. Tu es donc majeure ! Pour nous, tu ne fais plus partie de nos services. Tu récupères tes affaires et nous te souhaitons bonne route ! » Cette sensation étrange d'être à nouveau abandonnée, rejetée, me ravive tellement de souvenirs douloureux.

C'est comme au Monopoly : retour à la case départ, avec un sac à dos déjà bien rempli, en rêvant d'acheter une maison rue de Rivoli plutôt que de passer par la case prison. Ça sera finalement une communauté gitane que le hasard mettra sur ma route pour m'accueillir et me proposer un foyer pendant plusieurs mois.

Mais cette vie n'était pas faite pour moi et ma soif de liberté, alors je m'enfuis de cette communauté avec Gaël qui a deux mois, laissant derrière moi toute ma vie. Je ne veux pas qu'il grandisse dans le vol, les arnaques, les descentes de flics en pleine nuit... On me menace quand je parle de partir, on me suit partout, même à mes rendez-vous gynécologiques ! Fuir en pleine nuit en courant dans la forêt juste avec mon fils est ma seule solution !

Mon premier appartement, c'est donc quelque chose ! Les copains, la bière et les sandwichs clôturent cette journée bien éprouvante, mais fort sympathique.

La nuit tombe et je suis toujours en train de me débattre avec mes cartons : j'améliore, je façonne, je décore... Je fais mon petit nid à moi. Je m'écroule sur mon canapé, celui que l'on m'a donné en attendant le « Poltronesofà ». Un jour peut-être ! La nuit est courte, Gaël arrive en trombe dans le salon. « Mamaaaan, z'ai faim ! » Avec tout ça, j'ai oublié de faire les courses. Je m'active, car nous sommes dimanche. Je cherche mes fringues dans le carton vaisselle, livres, bibelots... Ah, ça y est ! Puis les siennes ! Nous dévalons les escaliers pour aller chez le petit épicier du coin, je croise les voisins, « bonjour »... « Bonjour »... Je suis un peu sauvage et ne souhaite pas me lier d'amitié. Je reste polie, mais ça s'arrête là.

La vie m'a appris très jeune à être méfiante : les familles d'accueil faussement gentilles, les travailleurs sociaux faussement efficaces, les foyers faussement sécurisés, les clans faussement accueillants... Jusqu'à maintenant, les nouvelles rencontres ont toujours rimé avec déception, alors je me protège et ma carapace est aussi dure et grande qu'un bunker d'Omaha Beach !

De toute façon, je suis trop occupée à penser à tout ce que je vais devoir gérer demain : l'école, le boulot, le repas, le rendez-vous chez le dentiste, chez l'assistante sociale, le tout en espérant tomber sur le carton où se trouve mon réveil ! 1 1 de lait, des céréales, du goûter, une tranche de jambon, une boîte petits pois-carottes, ça fera l'affaire pour aujourd'hui. Je règle mes achats en bons alimentaires obtenus par madame l'assistante sociale. Après un début de parcours de vie bien chaotique, l'école n'a pas été ma priorité et je n'en étais pas une non plus pour l'Éducation nationale ! J'ai donc repris mes études à 21 ans, et ça, ça ne paie pas les courses !

Nous rentrons heureux dans notre nouveau chez-nous, « bonjour »… « Bonjour »… Je passe ma journée à ranger, nettoyeeeer, balayeeeer, astiqueeeer, la la la… Notre petit nid prend forme, je m'y sens bien. Gaël étale pour la première fois de sa vie tous ses jouets dans sa chambre avec la chance de ne pas avoir l'obligation de les ranger.

Il n'a pas eu l'habitude d'avoir autant d'espace pour jouer. Le foyer pour jeunes mères célibataires où nous étions depuis ma fuite comprenait une chambre avec un lit 90, un lit enfant et un bureau. Avoir l'espace de laisser traîner ses affaires est un vrai luxe !

Lundi – 6 h 30 : roulement de tambour ! Le réveil sonne, j'ai mal partout à cause du déménagement, je suis épuisée, mais instantanément, j'oublie, je m'oublie, et je fonce : petit-déjeuner. Un café, ça suffira, j'économise ! Une douche rapide, j'économise mon temps aussi, il est précieux ! Je prépare mes affaires pour le boulot. Je suis secrétaire en contrat de qualification à la ligue contre le cancer. Mes journées sont donc d'une gaîté à toute épreuve, et je fume comme un pompier ! Je me sens donc très en adéquation avec ce que je vis, entends toute la journée et, pour me rappeler un peu plus ma situation précaire, je suis au service des aides pour les personnes ne pouvant subvenir à leurs besoins suite à leurs maladies. Au moins, je sais de quoi ils parlent !

Par Anna Belle

J'alterne trois semaines de boulot et une semaine d'école pour passer un CAP/BEP secrétariat administration : un métier où vous trouverez toujours du boulot, m'a certifié madame Pôle emploi ! Une fois opérationnelle, je réveille Gaël qui n'est pas du tout décidé à se lever. Allez mon chéri, je dois partir au travail et toi à l'école. L'heure de rentrer dans le moule a sonné ! Trop à la bourre pour y réfléchir : un p'tit bol de céréales plus tard, une petite toilette de chat et c'est parti. « Bonjour »… « Bonjour »…

8 h : je suis dans le bus, j'observe les regards et perçois les chuchotements : « Elle est bien jeune pour avoir un enfant ! C'est sûrement une mère célibataire ! » Mon cerveau voit rouge… Élever un enfant seule, c'est être en proie aux doutes à chaque instant, alors forcément, les préjugés sur le sujet me rendent hystérique. 21 ans et tellement plus mature que ces bécasses ! Je les fusille du regard, la seule réponse possible pour moi ! Mais je m'enfonce un peu plus dans la méfiance des autres et ma colère est amplifiée.

8 h 30 : j'arrive devant la grille de l'école et je sens ces mêmes regards interrogateurs et jugeants. J'observe : un p'tit bonjour par-là, et que je te fais le petit bisou, et que je te montre toutes mes dents avec un grand sourire hypocrite ! L'habitude de ces rencontres matinales fait de ces femmes des distributrices de bisous impersonnels. Je n'ai pas envie de discuter ni de créer de nouvelles relations version super-mamans parfaites superficielles ! Ni elles ni moi ne le sommes. Nous faisons juste toutes au mieux. Mais j'entends leurs critiques dès que l'une d'entre elles quitte le groupe, ça me désole et confirme mon insociabilité.

J'embrasse mon loulou en lui souhaitant une bonne journée lorsque j'entends hurler mon nom en arrivant à la grille où stagnent encore toutes ces pipelettes. « Madammmmeeeee !!! Il me semble que vous n'avez pas payé la cantine le mois dernier ! Il serait souhaitable de remédier à cette situation si vous voulez que votre fils puisse continuer à manger à la cantine !!! » Je sens monter en moi un mélange d'émotions légitimes : impuissance, rage, colère, retenue, désespoir, tristesse ! Le cocktail journalier d'une maman solo… Tous les regards tournés vers moi, je me sens si petite ! Petite, mais forte ! Ça vient réveiller certaines humiliations juvéniles, mais si je les ai surmontées, ce n'est pas ça qui me mettra à terre ! Alors, je regarde la directrice droit dans les yeux, version tu vas te prendre une flèche, et lui dis : « Madame, il fut un temps où la discrétion était synonyme d'humilité et d'intelligence, ce qui ne semble pas être votre cas ! De plus, vous deviez transmettre ma demande d'aide au fonds social concernant la restauration de mon fils, visiblement, rien n'a été fait. Je ne vous souhaite pas une bonne journée ! »

La journée s'annonce sous les meilleurs auspices !

9 h : j'arrive au boulot déjà calme et détendue ! Marie est déjà là, opérationnelle ! J'ai besoin d'un café… Mais non ! Nous devons terminer la préparation de la semaine antitabac pour intervenir dans les collèges. Je m'y vois déjà en train de prôner la mascotte PATACLOPE avec les miennes dans les poches. Je me sens moyennement crédible sur ce coup… Un café quand même et une clope plus tard, je m'installe à côté de Marie. C'est la secrétaire idéale : sens de l'organisation – autonomie – professionnalisme. Seuls défauts : elle ne fume pas et délègue peu. Mais elle est gentille ! Je ne sais pas si j'aime ce boulot, mais pour l'instant, je survis, alors les questions existentielles, ce sera pour plus tard…

Midi : je mange sur place et sur le pouce ! J'ai rendez-vous chez l'assistante sociale après le boulot, alors je profite de la photocopieuse pour préparer mon dossier d'aide exceptionnelle, pour le permis ! Le Graal ! Je sais, ça fait beaucoup de demandes d'aides, mais après mon contrat emploi consolidé, ils ont sorti le contrat emploi solidarité… Tu changes juste la lettre, parce que sur le fond, ça ne change rien : tu es juste toujours payée une misère ! Du coup, soit tu as des aides, soit tu ne manges pas. Mais le contrat qualification, c'est mieux : tu es qualifiée ! Ben oui ! Ça change tout… Ah non, ça ne change rien : plus de misère derrière, moins de moyens. Tu justifies ta misère, ils justifient leurs manques de moyens.

La journée se termine, je cavale pour être à l'heure chez madame l'assistante sociale. J'arrive essoufflée, mais à l'heure. Je suis en admiration devant cette femme, elle est belle, toujours à la mode, la bague, le bracelet, tout est assorti, bien coiffée, bien habillée. Je me sens moche, pas à la mode, sans bijoux et mal coiffée. Bonjour, Madame Estime de soi ! Ce n'est pas ce qu'on appelle l'effet miroir, ça ? Non ! C'est juste le constat de ce que j'aimerais pouvoir m'offrir. Mais comme pour le canapé, ça attendra des jours meilleurs. « Avez-vous votre dossier pour le permis ? »… « Oui, bien sûr »… « Très bien, je pense que vous devriez demander un petit crédit à votre banque pour le complément, tout ne sera pas pris en charge, vous l'imaginez ! »

Oh que oui, je l'imagine ! Et j'imagine surtout la tête de ma banquière quand je vais lui demander un crédit avec mes revenus ! Mais bon, restons optimistes… La consultation se termine : « Je vous tiens au courant dès que j'ai les réponses des différents organismes et, de votre côté, téléphonez-moi après votre rendez-vous à la banque ! »… « Au revoir »… « Au revoir »…

18 h 45 : Je récupère Gaël à la garderie. « Maaammaaa-aaaannnnn, z'ai fait un beau dessin pour toi ! » Tandis que je le félicite, je croise le regard de Fabienne, la dame de la garderie, qui me fait un signe pour me parler discrètement.

« Madame, votre enfant affabule beaucoup. Il s'invente une vie à la Cosette et je pense que vous devriez le faire suivre par un médecin spécialisé. » Bim bam boum ! Heu oui… d'accord… Surprise et un peu dépassée, je lui réponds : « Il fait peut-être ça pour se rendre important aux yeux des autres ? » Ce à quoi elle me rétorque : « Ou il s'invente une vie pour supporter le manque de son papa ? » Nous y voilà ! En plus de me sentir moche avec mes haillons, me voilà mauvaise mère ! Je fais bref et lui dis : « Un mensonge, c'est toujours une vérité qui ne sait pas se dire autrement. »

18 h 45 : C'est parti pour ma deuxième journée… J'arrive devant les boîtes aux lettres de mon nouveau paradis. « Bonjour »… « Bonjour »… « Vous êtes la nouvelle du deuxième ? » Pensée instantanée : ben non, je suis là parce que je ne savais pas quoi faire. Du coup, j'ai décidé de défoncer les boîtes aux lettres de votre tour d'ivoire ! Paroles réelles : « Euhhhhhh oui », tout en me précipitant dans les escaliers que je monte quatre à quatre pour enfin m'enfermer dans mon petit nid. Je sens que ma voisine voulait discuter plus longuement et je sens aussi qu'elle a bien perçu que ce n'était pas mon cas. J'économise mon énergie, je vais en avoir besoin pour finir cette journée et je suis déjà sur la réserve.

Oufff ! Petite pause café et j'enchaîne : le bain… le repas… le ménage… la lessive… l'ouverture du courrier – tiens ! La banque, pour changer ! – … l'histoire et les petits jeux de cache-cache avec Gaël avant le coucher. J'ai les yeux qui piquent, mais je dois réviser mes cours pour la semaine prochaine. Ce sera la semaine récréation, je vais au CFA !

Mardi – 6 h : la nuit fut courte, je me suis écroulée devant mon cours d'anglais. First question : what is the girl's problem – the problème is que je n'y comprends rien ! Allez, on verra ça plus tard ! C'est reparti pour la deuxième journée de la semaine.

Je téléphone à la banque comme j'aime avant de prendre mon poste et obtiens un rendez-vous rapidement. Oui, je sais, c'est étonnant ! J'y suis attendue pour le lendemain après-midi. Ça tombe bien, je ne travaille pas le mercredi après-midi. Avoir du temps libre, mais pas pour se reposer, c'est quand même bien foutu le système, non ?

— Bonjour, Madame, installez-vous, je vous prie. Que puis-je faire pour vous ?

Par où je commence ? J'ai chaud, j'ai froid, je ne me sens pas bien ! J'ai l'impression de faire l'aumône : « Stp ! Stp ! Prête-moi ton pognon ! » Bon allez, on s'accroche ! Après tout, ce n'est qu'un tout petit crédit et j'ai vraiment besoin d'une voiture. Je défile donc mon discours teinté intérieurement de joie, de peur et de tristesse : joie lorsque je m'imagine dans cette voiture me garantissant un gain de temps, d'énergie et moins de stress, et de tristesse en pensant à la réponse qui ne va pas tarder !

— Je suis désolée, Madame, mais vu vos faibles ressources, je ne peux pas m'engager blablabla...

Comme un airbag de voiture, je réagis au moindre choc. C'est parti :

— Ah oui ! Je comprends ! J'ai des revenus beaucoup trop faibles pour m'acheter une petite voiture d'occasion, mais par contre, ils le sont beaucoup moins quand il s'agit de me faire souscrire à vos assurances ! Vous savez ? Celles que vous m'avez vendues quand j'ai ouvert mon compte chez vous ! Assurance maison, assurance vie et accident garantie de la vie, ah, j'oubliais la protection juridique !!! Le total pourrait représenter le montant de mon crédit ! Vous ne les avez pas trouvés trop faibles mes revenus pour gaver vos actionnaires ?

— Mais Madame, ne le prenez pas comme ça !

Et comment devrais-je le prendre autrement ? Je ne supporte plus les injustices. Je lui demande donc un rendez-vous avec son responsable d'agence, juste pour qu'il m'explique pourquoi les banques ne prêtent qu'aux riches ! Elle essaie de me calmer, mais trop tard, la colère, tel un orage, arrive et gronde ! Il y en a marre de se justifier auprès de la banque, de la CAF, de la Sécurité sociale, de ton employeur, de tes voisins, des mamans de l'école, de la maîtresse... Parce que tu es maman solo, tu ne sais pas gérer ? C'est encore et toujours cette même étiquette, et là, elle est de trop !!!

Je sors dépitée, décomposée, mais surtout révoltée ! Mais j'ai l'habitude de me battre, c'est presque une seconde peau pour moi ! Alors je ne lâche pas l'affaire et obtiens mon rendez-vous avec le directeur de l'agence : « Et vous comprenez, Madame... » (non ! Je ne comprends pas !), « et vous savez, Madame... » (non ! Je ne sais pas !), « je suis désolé pour vous » (non ! Je ne crois pas !), « et ça ne va pas être possible » (ah ! Là, je te crois !!)... Blablabla...

Je le regarde bien droit dans les yeux : « Très bien ! J'ai un ami qui travaille au journal de la région. Il se fera une joie de faire un article sur votre banque qui ne prête qu'aux riches et refuse d'aider une personne qui se bat pour s'en sortir ! Les lecteurs vont adorer mon profil ! Le vôtre, par contre, ce n'est pas garanti ! » Je claque la porte de son bureau, pas peu fière de mon gros bluff ! Je ne connais ni journaliste ni même ce journal, mais c'est mon besoin immense de trouver justice qui vient de s'exprimer.

Jeudi – 8 h : « Bonjour, Madame, Monsieur le Directeur de la Banque comme j'aime ! J'ai décidé de vous accorder à titre très exceptionnel votre crédit ! » Un sentiment étrange m'envahit, un mélange entre joie et révolte ! M'a-t-il accordé ce crédit parce qu'il a eu peur de mon soi-disant article ou parce qu'il a pris conscience que j'étais vraiment dans le besoin ? Je ne l'ai jamais su, mais quelle étrange leçon de la société : être injuste pour obtenir ce qui est juste ! Ce monde marche sur la tête ! Merci quand même LA Banque comme j'aime ! Grâce à vous et un peu à moi, je vais goûter aux fruits de la liberté.

Je décide de profiter de mon après-midi et emmène Gaël au parc dans l'espoir de lui apporter autre chose que la course effrénée de mes journées. Le parc : lieu d'observation par excellence ! Il y a la mère cool, clairement aux côtés des enfants : elle joue avec eux, n'a pas peur de se salir ou de se prendre un coup de pelle, descend même le toboggan à l'envers. Puis la mère « non » : non, pas là, non, descends, non, c'est sale, noooooooonnn, on y va maintenant !! Ou encore la mère modèle : tenue parfaite et appropriée, enfants parfaits, beaux, et gentils, petit sac à goûter tout équipé avec fruits frais et viennoiseries maison, elle a même prévu la nappe ! Moi, je suis plutôt la mère invisible : celle qui n'y va pas ! Mais bon, aujourd'hui, je fais un effort. Car oui, avec un emploi du temps, des préoccupations et des conditions de vie comme les miennes, jouer avec son enfant est de l'ordre de l'effort !

De retour dans mon nid, je prends le temps de me poser avant d'entamer la liste des choses à faire. Vous savez ! Celle qui ne s'arrête jamais ! Pas le temps… Ça sonne à ma porte. Je n'attends personne et me prépare, avant même de savoir qui c'est, à me rebeller. « Bonjour »… « Bonjour, je suis Chacha, votre voisine du dessous, je viens vous voir pour prendre un café ! » Hein ? Quoi ? Elle enchaîne : « Les gens parlent beaucoup sur vous depuis votre arrivée, et moi, ça m'intrigue, car en général, quand on parle autant des autres sans les connaître et qu'en plus on les critique, c'est qu'ils doivent être intéressants. Alors j'ai préféré me faire ma propre opinion. » Whouaaa !

Quelle entrée en matière ! Je suis agréablement surprise par la démarche et, on ne va pas se mentir, très intriguée aussi par les ragots et petits potins à mon sujet... Je l'invite donc à rentrer.

Chacha est espagnole, un petit bout de bonne femme de 1m58 avec un accent bien de chez elle, comme dirait mon patron, et une sacrée personnalité.

Et c'est reparti : « Je ne discute pas avec les voisins »... « Je vis toute seule avec mon fils »... « J'ai fait un bébé toute seule »... « Et ça, ce n'est pas normal ! » Ah oui quand même ! Alors, quand c'est Jean-Jacques Goldman, ça fait un tube, mais moi, ce n'est pas normal ! Mais c'est quoi au juste la normalité ?

L'image de la normalité véhiculée par notre société me pose problème. D'abord, parce qu'elle privilégie l'apparence, l'image que l'on renvoie aux autres au détriment de l'intériorité. Ensuite, notre conception de la normalité a faussé notre perception de ce qu'est un être humain. Chacun va définir SA normalité de façon différente en fonction de son vécu, son histoire familiale, ses rencontres, etc. Ce qui est normal pour vous ne l'est pas forcément pour moi.

Être « normale », c'est donc vivre en couple et avoir des enfants ? De partir en voyage à l'étranger et d'avoir une cuisine dernier cri ? Si c'est le cas, alors oui, je ne suis pas normale, mais fière de ne pas l'être ! Une maman solo peut être moderne, indépendante, active, mais elle est surtout courageuse et en accord avec ce qu'elle souhaite, ou plutôt ce qu'elle ne souhaite plus : elle se met en quatre pour offrir à son enfant le bonheur et se donne les moyens d'être heureuse.

Être normale, c'est s'accepter telle que l'on est malgré nos doutes, nos peurs et nos limites. Je ne dis pas que c'est facile. Le quotidien peut être pesant, car nous avons plusieurs casquettes, et s'organiser est un défi de chaque instant : on court sans arrêt après le temps, mais pas seulement pour l'organisation à la maison ; il y a également les à-côtés, comme les papiers pour l'école, les rendez-vous médicaux, les inscriptions diverses et variées à la cantine, la garderie, les activités extrascolaires, les devoirs. Il faut savoir anticiper le soir pour le lendemain, etc., etc.

Je ne suis peut-être pas normale, mais les jugements de ceux qui ignorent mon quotidien, mon passé et mes difficultés ne le sont pas plus !

Je sens qu'elle m'écoute attentivement et qu'elle mesure en effet l'intensité de mon quotidien. Un autre café ? Oui, merci, avec plaisir.

Je poursuis et, comme un livre qu'on ne peut plus fermer, je lui raconte ma vie : mon placement à ma naissance, les multiples familles d'accueil, les foyers de toutes sortes pour jeunes, pour mères célibataires, la communauté gitane, la rue, mais surtout mon combat à chaque instant pour survivre !! Pour vivre et simplement exister.

La résilience qu'il faut connaître pour enfin s'ouvrir à la vie !

Je ne le sais pas à ce moment-là, mais Chacha fera toujours partie de ma vie 30 ans plus tard...

Un café ?

Je vais en avoir besoin ! Cette enfance sinueuse, chaotique et précaire me sera reprochée par mon fils qui a aujourd'hui 31 ans. Après une adolescence très difficile, des retrouvailles avec son père ponctuées de hauts et de bas et quelques démêlés avec la justice, il m'a insidieusement exclue de la famille qu'il a fondée. Merci pour cette vie en 3D !

Je pleure sous la douche pour ne pas que les enfants me voient

Par Oriane de Virseen

J'ai rencontré Samuel quand j'avais 25 ans, pendant ma médecine. Coup de foudre. On a eu notre premier enfant au bout d'un an, on s'est mariés deux ans plus tard et notre deuxième enfant est né 8 mois après le mariage... J'ai laissé tomber mes études dès la première grossesse. J'étais sur un nuage, rien ne pouvait m'arriver, le futur n'existait pas. Il n'y avait que le présent, son sourire et ses « *Je t'aime* ».

L'amour que j'éprouvais pour lui, l'évidence même de ce « nous » faisaient oublier à la future docteure son futur de docteure. Il était déjà médecin, lui, avait dix ans de plus que moi, une notoriété réconfortante, le salaire qui va avec, et surtout, il y avait dans le regard qu'il posait sur moi la promesse éternelle d'un amour sans faille.

Le premier test de grossesse positif avait scellé notre engagement. Pour Samuel, il allait de soi que je pouvais arrêter mes études et m'occuper de notre enfant, puis de nos enfants. Moi, je n'attendais que ça, j'avais rêvé de ça, élever des enfants et vivre une belle histoire d'amour. Les études ne me passionnaient pas outre mesure : j'avais commencé ma médecine pour plaire à mes parents, une fois de plus. Quand je leur ai annoncé que je laissais tomber, ils ont relativement bien pris l'affaire, sachant que le père de mon bébé était le chef de service dans lequel j'avais commencé mon internat que je ne finirais jamais.

Samuel était stable, rassurant, protecteur et il respectait tous mes choix. Aurais-je voulu continuer mes études qu'il m'assurait son soutien inconditionnel ainsi que des cours particuliers. Mais j'avais choisi de devenir madame Delain, femme d'un médecin au poste confortable, mère au foyer ayant assez de caractère et de culture générale pour ne pas passer pour une jeunette sans cervelle entretenue par un Sugar Daddy en blouse blanche.

Les cinq premières années de vie commune furent semblables à un scénario de film hollywoodien : Samuel travaillait beaucoup, évidemment, il avait des gardes, des astreintes, mais nous partions régulièrement en week-end quand même, avec et parfois sans les enfants, dans de jolis manoirs et petits châteaux du Val de Loire. Romantisme, érotisme, complicité, rires, balades main dans la main, sourires amoureux en contemplant nos deux garçons qui grandissaient... Le bonheur total. Complet. Entier. Le monde m'appartenait, j'avais tout, j'ai tout eu pendant dix belles années.

Le scénario idéal et glorieux aurait pu finir tragiquement, mais noblement : un accident de voiture, une crise cardiaque, une maladie.

La vie écrit parfois des lignes de destin qu'on voudrait pouvoir effacer. Pas tant parce qu'elles sont douloureuses – la souffrance fait partie de la vie – mais parce qu'elles sont ridicules, humiliantes, terrassantes.

Samuel et moi, on aimait encore beaucoup faire l'amour, dix ans après notre mariage. Un samedi soir, il était de garde à l'hôpital. Je venais de l'appeler, il était 23 h 30. Il me disait que le service était calme et qu'il allait dormir quelques heures. J'ai eu l'idée de lui faire la surprise de ma venue : en passant par les urgences, il me serait facile de me faufiler jusqu'au deuxième étage et d'accéder à la salle de repos... avec son double de badge que nous gardions à la maison au cas où il perdrait le vieux. Ma mère était chez nous pour quinze jours, la spontanéité était possible. J'ai filé sous la douche, me suis pomponnée en quinze minutes, j'ai enfilé des dessous sexy, une robe longue sobre, mes escarpins noirs et je me suis mise en route. Moi qui étais relativement sage de nature, je pensais que j'allais positivement surprendre mon époux en lui montrant une facette déraisonnable qui allait lui plaire, j'en étais sûre.

Vingt-cinq minutes me séparaient alors de l'horreur... Je suis arrivée en salle de repos à minuit et demi. Je suis entrée à pas de loups : le couloir n'était éclairé que par les panneaux de sorties de secours, et en poussant la porte de la salle de repos, la pénombre était dense. Un son étrange... des saccades, un froissement régulier de tissu... de tissu et de peau, et des râles, légers, des soupirs brusques, réguliers. Ma main a rencontré l'interrupteur près de la porte et j'ai allumé la lumière. Premier choc : sur un lit une place bordé de draps d'hôpital, j'ai découvert Samuel, l'homme de ma vie, le père de mes enfants, allongé sur une créature qui tenait fermement ses fesses nues.

J'ai eu le temps d'apercevoir ses seins à elle. Des seins flasques, longs, mous, aux aréoles d'un brun foncé. Et sa jambe droite. Une longue jambe fine toute blanche, musclée, lisse... Elle a poussé un petit cri. Un « ah ! » profond, mais court, qui aurait pu être celui d'une jouissance que Samuel m'avait tant de fois arrachée à la gorge en me faisant l'amour.

Samuel s'est retourné comme une crêpe, tirant le drap sur son torse, sourire aux lèvres, pensant s'être fait surprendre par une femme de ménage ou un interne un peu paumé. Quand il a vu mon regard, le sien s'est figé. Son sourire s'est mué en grimace. Je ne sais pas si j'y ai lu la honte et le dégoût de lui-même de l'homme marié surpris dans un moment d'égarement ou la gêne incommensurable d'un petit garçon surpris les doigts dans le pot de confiture, craignant la punition.

Et puis, je n'ai plus rien vu, parce que j'ai fait un malaise. Quand je me suis réveillée, un infirmier me souriait en tapotant ma joue, me tenant les jambes en l'air. J'ai aperçu Samuel de dos, les bras sur le devant du corps, dans une posture de noble professeur bien embêté par ce qu'il venait de se passer. Je me suis relevée et, chancelante, j'ai quitté l'hôpital aussi vite que possible, sans dire un mot. En arrivant à la maison, je me suis écroulée au sol, en pleurs, gémissant, criant presque, et ma mère, réveillée par mon désespoir sonore, a accouru en chemise de nuit.

Si ses ébats sexuels avec l'anesthésiste de garde avaient été un épisode unique, un acte isolé, j'aurais passé l'éponge. L'infirmier qui m'avait ranimée lors de mon malaise était en couple avec une enseignante de l'école de nos fils. Il m'a aperçue un soir à la sortie des classes, quelque temps après « l'incident ». Il venait chercher sa douce et nous avons discuté. C'est de sa bouche que j'ai appris que mon mari avait eu une autre aventure. Avec une interne, six mois auparavant. Deuxième choc.

De femme épanouie, confiante et complice, je suis devenue hystérique, suspicieuse et fouineuse. Feignant l'indifférence, drapée dans une dignité factice de femme trompée en train de pardonner, j'ai commencé à fouiller, et j'ai découvert… qu'il m'avait trompée à de nombreuses reprises, et que cela durait depuis longtemps. Je faisais des recherches, notais des dates de séminaires, le nom des participantes. Je laissais les enfants à l'école et je prenais ma voiture, je faisais des kilomètres pour aller rencontrer des femmes dont la plupart m'ont avoué avoir eu une aventure d'un soir avec mon mari. Troisième choc. Quatrième, cinquième… Pendant les quelques mois qu'ont duré mes démarches, j'ai comptabilisé une demi-douzaine de maîtresses. Je savais que le chiffre total était bien supérieur, mais je m'en fichais. J'en savais alors assez pour avoir la force de demander le divorce, que Samuel a accepté après bien des pleurs et des demandes de pardon, des promesses que ça n'arriverait plus jamais, qu'il n'était qu'un homme, qu'il avait été faible… Je ne sais pas ce qui m'a le plus dégoûtée : la morve qui coulait jusqu'à ses lèvres quand il pleurait, ou le fait qu'il ait été si peu précautionneux – il l'avait été, mais pas suffisamment pour contrer mes qualités de détective privé. J'avais eu l'avantage sur lui, je détestais ça. J'aurais voulu pouvoir compter sur lui, et non pas le piéger.

Il a fallu annoncer à nos fils que leurs parents, qu'ils voyaient amoureux, enlacés, complices quelques mois plus tôt, allaient se séparer d'un commun accord, parce qu'ils préféraient rester des amis et que, parfois, les parents ne s'aiment plus comme des amoureux. Ce discours insensé m'a beaucoup coûté, mais je ne veux pas que mes fils aient une mauvaise image de leur père ou me voient comme une victime. Ils sauront un jour, mais pas maintenant. Le coup porté par l'annonce de la séparation et de la garde partagée les a assez chamboulés comme ça.

Le divorce a été prononcé il y a 5 ans déjà, mais je ne m'en remets pas. C'était l'homme de ma vie. Il m'a assuré son soutien et il verse la pension alimentaire. J'ai la garde des enfants, il n'a pas fait d'histoires.

J'avais une vie de rêve. Il y a cinq ans, je me suis retrouvée mère monoparentale, avec une pension alimentaire qui ne couvre pas tout. J'ai dû prendre un travail, pour garder la tête droite, conserver le peu de fierté qu'il me reste. Samuel prend les garçons les week-ends où il ne travaille pas, mais souvent, il ne vient les chercher que le samedi matin et me les ramène le dimanche après-midi.

Mes parents m'ont aidée à déménager. J'ai eu du soutien de mes amies, de mes cousins. Mais me retrouver seule avec mes deux enfants à 35 ans, ça a été un coup dur.

Chaque fois que je regarde mes fils, j'y vois une part de leur père. Ils sont à moitié lui, cet homme que j'ai tant aimé. Certains jours, je me demande si je n'aurais pas mieux fait de passer l'éponge, d'accepter de vivre avec la peur au ventre, de le savoir avec une autre pendant un séminaire ou une garde de week-end. Accepter les doutes, mais continuer ma vie à ses côtés. Je ne crois pas que j'aurais pu. L'effondrement a été terrible. Je prends un traitement pour tenir le coup. Le psychiatre du CMP me dit que je vais mieux et que bientôt, on pourra passer au sevrage en douceur. Ce gros con me voit quinze minutes toutes les six semaines, il voit juste que je fonctionne bien, je travaille, j'élève mes fils : il s'en réjouit, ça va libérer une place sur la liste d'attente du centre. Il s'en fout de savoir que je n'ai plus de vie sexuelle, peu de vie sociale, il s'en fout de savoir que je serre les dents, mais que ça grince de plus en plus. Je lui dis que c'est dur tout ça, il me répond : « C'est la vie, Madame, il faut bien continuer... » et il parle à nouveau de sevrage progressif...

Mais je ne vois pas comment j'aurais la force d'aller bosser tous les matins sans mes pilules blanches.

Samuel n'est plus dans ma vie. Samuel n'est pas là quand j'ai besoin de recadrer Thomas ou Mickaël dans leurs bêtises d'ados. Je ne peux plus appeler Samuel au travail pour lui demander de passer prendre du pain pour ce soir parce que ça m'arrange, je suis toujours en train de courir… Je ne peux plus demander à Samuel d'examiner Mickaël quand il a mal au ventre, et il a souvent mal au ventre depuis quelque temps. Je ne peux plus faire l'amour avec Samuel, sentir son odeur, me blottir contre son torse. Je maudis mon idée de surprise sexy d'il y a six ans et demi. Cette idée saugrenue m'a coûté mon mariage. Cet élan spontané m'a ouvert le livre de la vérité. Mais j'étais heureuse dans un mensonge, est-ce que cela ne vaut pas mieux que d'être désespérée dans la clarté crue de la vérité ?

Après le divorce, j'ai passé le concours de professeurs des écoles. Je l'ai eu haut la main, c'était facile. Malgré mon esprit embrumé par le traitement et un état de choc qui ne s'est jamais entièrement dissipé, j'ai réussi à le passer. J'enseigne à une classe de CE2 dans une école privée. Je passe ma journée à encadrer des enfants, mes soirées à gérer des ados, leurs devoirs, les repas, le linge… Je prépare mes cours, je corrige les copies, j'assiste aux réunions parents-profs dans les deux rôles. Je me couche tard pour pouvoir tout faire. On me dit : « Prends soin de toi », alors je m'épile de temps en temps, je me fais une couleur, ou les ongles. Pour qui ? Pour quoi ?

Les garçons sont toujours contents d'aller chez leur père : ils s'amusent, font des activités plutôt sympas : voile, équitation, tir à l'arc. Samuel a toujours su trouver des activités rigolotes et des sorties originales. Samuel gâte ses fils et leur offre des gadgets. Les garçons sont ravis. Parfois, ils me font sentir rabat-joie, me comparant avec leur père : « Chez papa, on a le droit de se coucher super tard ! » Leur expliquer que leur père les a les weekends et pendant les vacances scolaires ne sert à rien, ces petits cons ne veulent pas comprendre. Ils associent papa aux loisirs et maman à la routine quotidienne ennuyeuse.

Souvent, je suis tellement fatiguée que j'ai envie de pleurer, encore. Eh oui, cinq ans après, encore. Ça me prend un peu n'importe quand, à la maison. Alors je m'isole : je pleure sous la douche pour ne pas que les enfants me voient.

La semaine dernière, on était à table, les garçons et moi. J'avais dû signer un mot du professeur principal de Mickaël, qui me faisait part d'une retenue pour devoir non rendu. J'étais fatiguée, j'ai mis la radio. Une journaliste évoquait le mouvement « *me too* », ainsi que les discriminations et les violences faites aux femmes. Une féministe interrogée s'insurgeait contre le vocabulaire employé par certains hommes à l'égard des femmes, des mots soi-disant flatteurs, mais qui maintiennent la femme dans une position d'objet. Comme pour prouver qu'il avait bien compris le sujet, Thomas a lancé d'un air goguenard : « Elle est bonasse la copine de papa. » Mickaël a ri d'un air complice. La gifle qui est partie toute seule m'a davantage choquée qu'eux, je crois. Thomas s'est frotté la joue en me regardant comme si j'étais folle. Je me suis entendue hurler : « Sors de table ! Tout de suite ! » Mon fils est parti dans sa chambre dont il a claqué la porte. Un petit cadre est tombé sous le choc. Je me suis levée pour le raccrocher, mais il est tombé à nouveau. Alors je l'ai balancé de toutes mes forces contre le mur, et le verre qui protégeait la photo des enfants avec leur père a volé en éclats.

J'aurais peut-être dû, à ce moment-là, vous téléphoner, non ? Je ne sais pas. Vous hochez la tête… Ça veut dire oui ?

L'idée que Samuel puisse refaire sa vie alors que la mienne est répandue en miettes friables que je n'arrive pas à recoller… ça m'a fait plonger, je crois.

Je pleure sous la douche pour ne pas que les enfants me voient

Je l'imaginais passant du temps de qualité avec ses fils, je l'imaginais au travail. Je l'imaginais mangeant seul le soir devant sa télé, regrettant notre vie d'avant. Je ne l'avais pas encore imaginé dînant en tête-à-tête avec une autre femme. Aller se coucher avec elle, faire l'amour avec elle. Il ne m'avait pas parlé d'elle. J'imagine que c'était récent, cette histoire. Ça n'aura pas duré longtemps, en tout cas.

J'étais en arrêt maladie, cette semaine. J'ai prévenu l'école. J'ai feint une gastro pour que mon généraliste me fasse l'arrêt maladie. Quand il m'a vue, il n'a pas eu de mal à me croire : j'avais passé la nuit à vomir, de toute façon.

Vendredi soir, j'ai déposé Mickaël chez mes parents. Thomas était invité pour le week-end chez un copain. J'ai pris ma voiture et je suis allée chez Samuel. Je suis arrivée devant son immeuble vers 20 h. J'ai attendu… Au bout d'un moment, je les ai vus, tous les deux. Samuel et sa nouvelle conquête, la « bonasse ». Une grande blonde, assez forte, pas du tout comme moi, pas du tout le même style, pas le même genre de femme. Ils sont montés dans la voiture de Samuel. Je les ai suivis. Ils allaient au restaurant. Je me suis garée en face et je les ai regardés durant tout leur dîner, assise dans ma voiture, en grelottant. J'aurais dû vous appeler, non ? Vous ne dites rien. J'aurais dû appeler quelqu'un, en tout cas, une amie, ma mère…

J'ai regardé mon ex-mari tenir la main de la blonde dodue qui mangeait un délicieux repas avec l'homme de ma vie.

Je les ai vus s'embrasser rapidement quand il lui a tenu son manteau après avoir payé.

Je les ai suivis sur le chemin du retour, de très loin, parce que je sais où ils allaient : ils rentraient « chez eux ». Ils allaient sûrement faire l'amour, passer la nuit dans les bras l'un de l'autre, après un petit dîner en amoureux dans l'un des meilleurs restaurants de la ville où Samuel m'avait emmenée bien des fois… Je me demande s'il se tapait la baby-sitter qui gardait nos enfants à l'époque ? Une jeune femme dans la vingtaine un peu gourde, mais avec une jolie bouche, des lèvres charnues. J'imagine Samuel en train de se faire sucer par cette bouche-là… Excusez-moi. Je digresse. C'est que la suite est difficile à raconter… Encore plus difficile que l'épisode de la baise à l'hôpital qui a ouvert la boîte de Pandore dans ma vie de femme heureuse…

Je suis restée garée à quelques dizaines de mètres de son immeuble, de « leur » immeuble, devrais-je dire ?

Je ne sais pas ce que j'attendais. Vers cinq heures du matin, je me suis endormie. Je sais qu'il était environ cinq heures parce que j'ai entendu la cloche de l'église sonner sur la place à côté… Cinq coups. Cinq ans. Je suis rentrée chez moi. J'ai dormi toute la journée, toute la nuit, et je me suis levée cet après-midi vers 15 h. Et puis, j'ai fait ce que vous savez.

Quoi… C'est ça que vous voulez entendre ? Ce que j'ai fait, comment, dans quel ordre ? Pourquoi ?

Tout ce que je viens de vous dire, vous vous en foutez ? C'est trop long pour la déposition ? Quels aveux ?

Vous savez ce que j'ai fait ! Pourquoi vous me demandez ? Oui, c'est moi qui ai mis le feu ! Oui, c'est moi ! Comment ? Avec un bidon d'essence que j'ai rempli à la station-service d'Intermarché ! Et des allumettes ! Dans quel ordre ? Eh bien, j'ai versé l'essence devant la porte de l'appartement, sur la

Je pleure sous la douche pour ne pas que les enfants me voient

porte et sur le cadre de porte en bois, et puis j'ai craqué l'allumette ! Je l'ai jetée sur la flaque d'essence, le souffle du feu m'a jetée en arrière, vous voyez bien là sur mon visage, ça a chauffé d'un coup ! Je suis tombée dans l'escalier et je me suis barrée ! Ça a été rapide… C'était beau, ce feu… Ça a fait de la fumée qui s'est répandue, j'ai entendu des cris, ils n'ont pas pu sortir, je descendais les étages en volant presque, j'avais bloqué l'ascenseur au rez-de-chaussée au cas où, je suis sortie de l'immeuble et j'ai couru sur le côté pour aller voir la fenêtre. Je les ai vus tous les deux ouvrir la fenêtre, je les ai entendus hurler ; la blonde était à poil, on voyait ses gros seins ballotter sur le garde-corps. J'ai vu Samuel hurler en fermant la fenêtre, il hurlait après elle, je crois qu'il a hurlé un truc comme « Courant d'air !… Feu ! » Ahah, quelle conne cette blondasse ! En ouvrant la fenêtre, elle a fait un appel d'air et l'incendie s'est propagé…

Je suis restée là à regarder. J'ai vu les gens sortir en courant de l'immeuble, trempés à cause des gicleurs, mais les gicleurs, il n'y en avait pas dans les appartements, seulement dans les couloirs, hein… dommage. J'ai entendu les pompiers arriver, et au même moment, je l'ai vu, lui, Samuel, enroulé dans une couverture, sauter à travers la fenêtre : il a été d'accord pour l'ouvrir, finalement, hein ! C'était sa seule issue ! J'ai vu son corps tomber du cinquième étage et s'écraser au sol. J'ai ressenti la même chose que le soir où j'ai vu son cul en train de s'agiter au-dessus d'une femme dans la salle de repos à l'hôpital.

J'ai presque joui en entendant des hurlements aigus, et en voyant la grosse blonde à la fenêtre. Elle n'a pas osé sauter. Ses cris stridents étaient à moitié étouffés par la fumée qui a fini par lui ruiner la respiration… Je l'ai vue s'effondrer sur le rebord, le garde-corps l'a empêchée de tomber, mais n'a pas empêché le feu de lui bouffer le cul.

Avec le recul, je me dis que j'aurais dû faire ça quand on était encore mariés. J'aurais fini veuve, tout le monde m'aurait plainte, et j'aurais été veuve, pas cocue désabusée, pas divorcée, pas monoparentale. J'aurais dû le brûler avant. J'aurais dû le brûler plus tôt.

Vous êtes qui, vous ? Vous êtes commis d'office ? Qu'est-ce que vous voulez que ça me fasse ? Où est-ce que je dois signer ?

Papa fast-food

Par Jeff Rizz

Au départ, tout se passait bien… Il y avait du dialogue et de la compréhension.

L'idée était de garder la maison et d'acheter un appartement et que ce soient les adultes qui échangent leur lieu de vie une semaine sur deux.
Les enfants auraient ainsi conservé leur cadre de vie.

Mais un jour, plus personne ! Les enfants et leur mère ne sont plus là. Juste un mot envoyé par SMS en guise d'explication : « Nous sommes chez mes parents. » Le monde s'écroule, la transition qui commençait sereine devient brutalement noire et belliqueuse. Je sais comment fonctionne son père, je sais qu'il va tout mettre en œuvre pour me faire payer le fait d'avoir souhaité rompre avec sa fille.

Deux jours après, ce sont leurs affaires qui ont disparu ! Dans la vitrine de souvenirs, il ne reste qu'une marmotte en plâtre en guise de doigt d'honneur. Cette figurine qui devait être posée à côté de la porte d'entrée est devenue un symbole sarcastique. Les objets, souvenirs de jours heureux, ne sont plus là.

Je ne vois pas les enfants pendant presque 2 mois. Je prends une avocate en urgence et il faut du temps pour que les menaces fassent leur effet et que je puisse les revoir.

Au tribunal, la juge aux affaires familiales indique ne pas être pour la garde alternée, que ce n'est pas bon pour des petits d'être séparés de leur mère ! C'est son métier ! Elle doit avoir des informations plus « fiables » que les miennes, même si mon cœur se déchire à cette idée. Vu mes horaires, il est peut-être préférable de les savoir chez leur mère que chez une nounou.

Le verdict tombe : je les verrai deux week-ends par mois et la moitié des vacances scolaires ! Le mercredi éventuellement, de la sortie de l'école jusqu'à 18 h, à condition que je prévienne un mois à l'avance. J'ai déjà du mal à négocier pour ne pas travailler le samedi lorsqu'ils sont avec moi, alors plus est difficilement envisageable.

Les week-ends où les enfants seront avec moi sont ceux des semaines impaires les années paires et inversement. Non, tout le temps, en fait ; je m'y perds. Les vacances seront les premières parties les années paires et inversement.
Le jour de la fête des Mères et des Pères, ils sont chez le parent concerné à partir de 10 h…
Et pour les fêtes de fin d'année, c'est le parent qui ne les a pas la semaine qui les aura le jour de fête…
C'est limpide !

Alors je les chouchoute, j'en fais trop, j'essaie de condenser en deux week-ends les activités, les partages d'un mois complet. Ce n'est pas sain pour eux et c'est très onéreux : entre les sorties, les petits plats, les attentions et cadeaux en tous genres, je dépense beaucoup. Avec un salaire moyen, une pension alimentaire raisonnable, aucune aide et les comptes vidés par madame juste après son départ, je bois la tasse régulièrement.

Si la charge mentale est quasi nulle, les débuts sont difficiles : je n'ai plus de repères, du mal avec l'organisation, avec ma place dans cette nouvelle structure… Et il faut quelque temps pour que je reprenne le rôle qui est le mien. Ils ne sont plus vraiment élevés par leur père, même si leur mère fait du mieux qu'elle peut en termes d'éducation. Il faut tout de même que je fasse de l'apnée et que je serre les dents quand j'entends ce qu'elle dit sur moi : l'opposé de la vérité !

Ce qui est difficile, c'est de leur dire au revoir pour deux semaines alors qu'ils ne sont avec moi que depuis deux jours.
On me conseille de prendre sur moi, on me dit que l'important est de voir l'intérêt des enfants. Eh oui ! Même s'ils versent des larmes lorsqu'ils me quittent, elles ne durent pas. Moins que les miennes une fois la voiture redémarrée…

Je n'ai pas les moyens de rester proche de l'endroit où vit leur mère, donc de toutes les manières, pas la peine de penser à la garde alternée. Ils y ont une grande maison, le confort d'avoir chacun sa chambre, un grand jardin… Alors, je me dis qu'il vaut mieux préserver certains de leurs repères.
Mon nouvel appartement est un rez-de-chaussée qui donne sur une grande cour, mais ils devront partager leur chambre. Il est en campagne, à 1 h 30 de chez leur mère et de mon travail, mais le loyer est accessible. J'ai la chance d'avoir une voiture, donc les trajets quotidiens sont gérables.

Être parent solo, c'est aussi envisager une relation amoureuse différemment des autres célibataires. On ne pense pas couple, mais famille, ou plutôt « recompo » ! Je n'aime pas ce terme, mais effectivement, il faut composer. Apporter de l'affection aux enfants me semble facile, évident, et pourtant ! Ma nouvelle compagne a du mal. Elle fait de son mieux, mais il reste un fossé. Sa vie est accaparée par les difficultés de ses propres enfants, dyspraxie, TDAH (Trouble Déficient de l'Attention avec Hyperactivité), elle a trop de charge mentale pour ouvrir son cœur à deux mômes qu'elle ne fait que croiser. Mon grand est très sensible et ses garçons un peu « bourrins », alors il y a des tensions qui se répercutent dans notre couple.

Leur présence étant limitée, elle ne provoque pas de grands questionnements, sauf pour moi : je suis peut-être idéaliste, mais j'ai envie d'harmonie, de petits plaisirs partagés, pas de cloisonnements et de tensions. Je suis bien avec ma compagne et le calme règne quand mes enfants sont absents. Quand ils sont là, le climat est tourmenté. Ils doivent se protéger de ses enfants et la voir regarder les miens comme des fauteurs de troubles m'est insupportable. Alors je pars…

J'ai eu ensuite une autre relation qui a duré beaucoup plus longtemps. Elle m'a donné espoir. Tout a démarré idéalement, que ce soit les premières vacances en commun, la relation avec ma compagne, l'organisation et la fluidité… Tout y était !
Seulement, elle habite assez loin : 150 km ! Rapidement, je n'en peux plus de faire 3 h de route tous les jours pour me rendre au travail. Alors je déménage à nouveau pour me rapprocher d'elle, mais pour forcément plus petit. C'est proche de mon travail, mais nous sommes à l'étroit ! J'appréhende la réaction des enfants en découvrant leur nouveau cadre de vie. Au final, ce sera pour eux un cocon qu'ils apprécieront beaucoup.

Ma compagne a trois enfants. Les mots « famille nombreuse » prennent leur sens… Les enfants ont entre 4 et 15 ans, elle a des filles, moi des garçons.

Nous vivons deux belles années, pas toujours roses, mais emplies d'amour. Les enfants se chamaillent, comme de vrais frères et sœurs.

Papa fast-food

Il nous semble que c'est le bon moment pour débuter notre vie sous le même toit. Ma compagne aime ma ville et ses facilités, alors nous emménageons dans une maison de ville confortable.

Elle fait la route à ma place en attendant de changer de carrière.

Cette nouvelle vie est forcément plus intense, les frictions plus fortes et récurrentes.

Le scénario recommence, jusqu'à ce que des mots blessants fleurissent : enfants « comédiens, manipulateurs », « pas de discipline », « il faut répéter chaque ordre », « pas de politesse », « leur mère les manipule pour qu'ils fassent casser notre couple ». Elle le pense sincèrement. Eh oui, il y a bien sûr quelques frictions : la mère de mes enfants les considère, elle et ses filles, comme vulgaires, simplement parce qu'elles peuvent dire parfois quelques grossièretés. Eh oui, c'est dur parfois, aussi pour les garçons, de devoir partager leur père avec trois autres enfants.

Alors que, pour moi, cela paraît évident qu'il faille avant tout apporter de l'affection aux enfants, cela ne l'est pas pour elle. Même pour les siens, d'ailleurs ! Ce n'est pas qu'elle ne les aime pas, mais elle ne le montre pas comme tout le monde.

En tant que parent, et d'autant plus quand on prend la décision de divorcer, on pense au bien-être des enfants avant le nôtre. En tout cas, c'est comme ça que je fonctionne. C'est frustrant de voir que la relation de couple fonctionne et que c'est la présence des enfants qui est à l'origine de la rupture... des ruptures...

Pourtant, en restant je l'espère objectif, ils sont cool, ces gosses ! Parfois turbulents, têtes en l'air, ils n'obéissent pas au doigt et à l'œil, mais ils sont sympas et attachants !

Je me suis dit en me séparant de leur mère qu'il valait mieux qu'ils nous voient heureux séparément que malheureux ensemble. L'idée n'est pas de leur faire vivre le même scénario avec d'autres acteurs, alors une nouvelle fois, je pars.

La relation avec leur mère se détend un peu : elle est passée des menaces aux sarcasmes, je vois ça comme une évolution favorable. En revanche, les informations sont toujours transmises au compte-goutte, alors que c'est une obligation légale ! Je n'apprends de leur vie que ce que les enfants en disent.

Au niveau de leur vie scolaire, c'est pareil. Ils ont intégré des écoles où la situation d'enfants de parents divorcés était bien prise en compte. Les informations étaient dupliquées, des mails envoyés, une participation souhaitée…
Dernièrement, c'est le néant. Leur mère a déménagé et les nouvelles écoles n'ont aucune politique concernant ce modèle.
Heureusement que la diffusion des informations commence à se faire en ligne.

Oui, en théorie, je pourrais m'en plaindre au juge aux affaires familiales. Comme pour le volet financier, comme pour les vêtements… Mais ça me semble tellement disproportionné que je n'arrive pas à m'y résoudre ! Pas besoin d'un bazooka pour tuer une mouche ! Et je ne lui souhaite pas de mal, juste qu'elle voie, comme moi, l'intérêt des enfants.

Parce que oui, si le jugement indique qu'elle doit fournir les affaires nécessaires pour chaque moment où je les ai, la réalité est tout autre : je n'ai aucun vêtement, parce que le petit a craqué une fois un pantalon en jouant et qu'un autre a été remplacé par mégarde. Donc je dois tout acheter ! Pour quatre jours par mois !

Quand on parle d'école, on parle aussi de vacances ! « Et le compte n'y est pas, Kevin ! », comme dirait l'humoriste Inès Reg. Il y a toujours « quelques jours » de différence entre le nombre de jours des vacances scolaires et celui des congés payés.
Alors, c'est la débrouille. J'ai quelques amis, une petite famille, je gère à la journée…
Les vacances ont parfois le même goût que les week-ends, parce que le salaire ne suit pas et qu'il faut limiter les dépenses.

Heureusement, il y a les groupes de parents solos ! Ces groupes sont une belle découverte. Les problématiques sont comprises, partagées et, par définition, il y a beaucoup d'enfants…
Les enfants s'éclatent et moi aussi, nous rencontrons de belles personnes et cela permet de changer l'ordinaire en partageant de beaux moments.
Ce genre de groupes est difficile à administrer, les sorties dures à organiser, car quasiment chaque famille monoparentale a un rythme imposé par la justice et celle-ci a beau être globalement commune, il y a toujours des différences.

Je ne me plains pas, en tout cas j'essaie ! Il y a toujours des solutions.
Simplement, je ne comprends pas pourquoi je n'ai droit à aucune aide alors que je touche moins au final que des personnes qui en bénéficient. Pas simple d'expliquer à des enfants qu'on ne peut leur offrir le même train de vie que « de l'autre côté ».
Je ne me plains pas de ne pas être considéré par le personnel des écoles. C'est normal : il ne voit quasiment que mon ex-

femme. Je n'ai pas cherché à m'imposer, je ne me sens pas légitime, je suis un fantôme dans leur organisation. J'aurai dû, sans doute... Je devrais, peut-être... Mais quand ?

Je ne me plains pas de la charge mentale, c'est juste frustrant de ne pouvoir être à la fois présent pour aider le petit à nager pendant que le grand veut jouer...

Je ne me plains pas du regard des gens qui sont autour de cette piscine et qui se demandent ce que je fais là alors que je ne suis pas en mesure de gérer mes deux enfants en même temps. Alors oui, c'est une projection inconsciente, mais ça reste désagréable.

Qui pourrait comprendre mes plaintes ? À qui oserais-je même les confier ? Deux week-ends par mois, et je ne serais pas content ?

Quatre jours par mois : tout doit être concentré ! Une bulle intense de moments agréables, de présence... Mais aussi une impression de ne pouvoir se louper. Tout doit être parfait et fluide. Chaque dispute, tâche rébarbative, moment d'ennui est pourchassé comme un nuisible.
Et quand je me mets trop cette pression, je foire tout. Je m'en veux de chaque loupé... et c'est le cercle vicieux qui commence.

Au début, j'ai du mal à gérer. Je suis responsable de la rupture avec leur mère et les enfants sont perdus. Difficile pour moi de faire face. Je ne baisse pas les bras, mais je ne suis pas exemplaire.
Reste pour moi un essentiel : l'état d'esprit général et l'amour partagé !

En attendant, devoir faire des courses, débarrasser, faire la vaisselle... Ça me paraît tellement non essentiel que je zappe ces tâches au maximum.

Il faut l'avouer, je faisais partie de ces hommes qui laissent la charge mentale à leur femme, alors je dois apprendre ce que c'est d'anticiper.

Aujourd'hui, l'équilibre est revenu. Je suis seul et, quand les enfants sont avec moi, nous en profitons vraiment. Cet état de présence qui est loin d'être une seconde nature pour moi est maintenant presque une habitude. La pression n'est plus, les enfants et moi apprécions les moments de vie que nous partageons. Je ne suis pas psy, mais ils ont l'air bien dans leurs pompes ! Alors je me dis que ce choix de rompre avec ma compagne, même s'il a été pénible, était le bon.

Les deux relations suivant le divorce se sont enchaînées par peur de la solitude, ce mode de fonctionnement est aujourd'hui révolu et je découvre le plaisir d'être papa solo avec une certaine surprise.

Nous faisons ensemble les tâches ingrates et le reste. Parce qu'au final, la plupart des activités peuvent recéler des moments de joie quand on a le bon état d'esprit !

Bon, d'accord, remplir une feuille d'impôts, ça restera un moment désagréable quel que soit l'état d'esprit...

Alors je m'applique à évoluer dans ce sens. Les enfants apprennent par mimétisme et, si je peux leur inculquer que le bonheur est simplement une question de prisme à travers lequel nous regardons une situation, de positivisme, j'estimerai avoir rempli mon rôle.

Le défi n'est pas gagné d'avance, mais en écrivant ces mots, ils résonnent comme une vérité profonde.

Louise

Par Cécile Ducomte

Louise a 30 ans. Elle vit dans le sud de la France, dans une ville moyenne où il fait bon vivre.

Elle vient de vivre un enfer et s'en remet à peine.

Ses deux fils, âgés de 7 ans et 2 ans, prennent la première et indétrônable place dans son cœur. Louise est une maman musicienne, énergique et passionnée.

Très jeune, à seulement 24 ans, elle avait affronté une première fois la vie de mère célibataire avec son fils aîné. Elle était partie avec ce petit bouchon d'un an à peine, pour fuir une vie qui ne lui convenait plus et qui lui glaçait le dos et le cœur. Elle avait fui les humiliations permanentes qui avaient affecté le peu de confiance qu'elle avait en elle, jusqu'à lui faire penser qu'elle ne valait plus rien. Elle était détruite, mais gardait au fond d'elle cette envie d'avancer envers et contre tout. Au moment de son départ, bien réfléchi et pensé avec le père de son enfant, elle ressentit un énorme soulagement. Elle ne lui en voulait plus et ne lui souhaitait d'ailleurs aucun mal. Elle espérait même qu'il soigne ses addictions et dépendances, tout en étant consciente qu'un changement de vie ne peut venir que de la personne elle-même et de son cheminement intérieur.

Elle avait pris son envol, avec son oisillon sous son aile. Ce petit poussin magnifique mettait du soleil dans sa vie.

Avec lui, elle avait repris goût à la vie et leurs échanges permanents lui procuraient un grand bonheur. Devenir maman était la plus belle chose qui lui soit arrivée. Cet enfant très curieux et vivant était l'amour de sa vie. Un très beau petit garçon débordant d'énergie, qui avait besoin plus qu'un autre de cadre, de limites, mais d'amour aussi. Il cachait une grande sensibilité, derrière un dynamisme qui l'amusait souvent. Ils avaient baroudé tous les deux, le petit sur son siège auto à l'arrière qui ne perdait pas une miette de ce qu'il se passait autour, et elle au volant. Ils partaient parfois juste pour un pique-nique au bord de l'eau, finissant alors leur repas froid par des observations minutieuses de la vie autour des rivières. Elle souhaitait qu'il prenne soin de la nature et des animaux qui la peuplent, aussi prenait-elle soin de lui en montrer toutes les richesses.

Tous les samedis, ils allaient au marché. Le joli petit minois de son petit blondinet et son envie de communiquer avec tout le monde faisaient souvent fondre les commerçants qui lui gardaient toujours un fruit ou un morceau de pain de campagne qu'il aimait tant. Ils appréciaient ces petits moments de bonheur, choisissant leur menu avec gourmandise. Pendant ces années, Louise avait mené de front la reprise de ses études et l'éducation de son fils. Sans jamais se plaindre. Elle passait du temps à imposer des frontières que son petit repoussait de toutes ses forces. Un vrai petit bélier ! Elle y mettait de la ferveur, car elle l'aimait plus que tout et désirait qu'il grandisse avec des valeurs qui lui étaient chères. Elle n'avait jamais baissé les bras pendant ses études malgré les nombreux découragements et les appels à une vie finalement plus simple, mais moins épanouissante. L'obtention de son diplôme fut une immense victoire, avant tout personnelle. Leur avenir s'annonçait plus sécurisé.

Au même moment, trois ans avant l'anniversaire de ses 30 ans, un homme était entré dans leur vie. Elle ne savait pas qu'elle allait vivre un tsunami. Son fils avait alors 4 ans. Un homme atypique et écorché vif qu'elle avait envie de protéger. Il avait réveillé en elle son âme d'infirmière. Elle n'avait pas écouté son entourage qui la mettait en garde contre lui, car elle ne voyait que l'étincelle dans son regard qui vibrait avec la sienne. Cette hypersensibilité les avait liés. Ils étaient tellement heureux et amoureux !

Très vite, Louise s'était retrouvée enceinte. Un cadeau du destin. Un magnifique petit garçon était né quelques mois plus tard. Un petit frère pour son grand. Peu après la naissance, cet homme avait dévissé. Louise s'était retrouvée devant une réalité qu'elle avait refusé de voir pendant un an : le père de son fils était un homme malade, fragile, déviant, menteur et lâche. Elle avait accepté avec dignité son départ avec une autre femme, alors que son bébé n'avait même pas deux mois, même si elle était cassée au plus profond d'elle-même. Elle s'était retrouvée salie, trahie, blessée, perdue. Une blessure gravée à jamais dans son cœur. Tout s'effondrait autour d'elle. Louise avait alors 28 ans.

Sa nature discrète s'intensifia à ce moment-là. En effet, après le tsunami de ce départ auquel elle n'était pas préparée, elle ne parla plus aux autres. Beaucoup ne savaient même pas qu'elle était seule avec ses enfants. Elle s'est enfermée dans un cauchemar. Elle n'avait tout simplement plus envie de parler. Les mots ne sortaient plus. Ils étaient confus, à l'image de son esprit, qui n'arrivait pas à recoller les morceaux du puzzle de leur histoire après ce départ soudain et précipité, n'y trouvant aucun sens logique ni rationnel. Elle ne savait pas où elle en était. Et puis, surtout, elle se méfiait des paroles qui pouvaient s'échapper, même sans vouloir faire de mal, de la bouche des gens. Elle entendait dans sa tête leurs réflexions. Bien sûr, elle les imaginait :

— Une fois, d'accord, ça peut arriver de se tromper, mais deux !

— Comment vas-tu faire avec deux enfants pour t'organiser ?

— Tu n'avais pas vu son état avant la naissance du bébé ?

Alors, pour ne pas porter ce poids sur ses épaules, qu'elle refusait et qui ne la regardait pas, elle se protégeait en se taisant.

« Tu restes le maître des mots que tu ne prononces pas » était devenu sa philosophie de vie.

Cet homme dangereux avait été très loin, beaucoup trop loin dans sa folie. Elle avait eu peur pour son bébé. Alors elle avait appris, lors des semaines qui avaient suivi ce départ soudain, quelque chose de fondamental. Elle avait mis un masque autour de son visage, de son âme et de son cœur. Pas un masque visible, bien sûr, mais un masque muet. Pour se cacher. Pour ne rien dévoiler à l'extérieur. Ni ses doutes, ni ses chagrins, ni même ses moments précieux de complicité avec ses deux garçons, heureusement nombreux.

Elle ne parlait que de banalités avec les autres, ce qui d'ailleurs la soulageait et l'arrangeait. Elle gérait son quotidien sans se poser mille questions, un peu débordée entre l'allaitement de son bébé, les allers-retours à droite à gauche, les rendez-vous chez le médecin, le stress, les impératifs qu'il fallait régler. Elle voulait bien faire, et cette exigence était si forte qu'elle ne s'écoutait que rarement. Entre le bain des garçons, les lessives, le ménage, le travail, les démarches administratives, les massages de ventre de son tout petit, elle ne s'ennuyait pas. Il combattait déjà ses angoisses de bébé éponge qui captait bien que quelque chose ne tournait pas bien rond autour de lui. Elle s'en voulait. La culpabilité empoisonnait sa vie. Elle ne pouvait s'empêcher de penser qu'elle avait tout gâché. Elle avait fait le deuil d'une famille modèle. Il fallait qu'elle continue, seule.

Elle amenait son grand à l'école, sans jamais oublier de lui dire et de lui prouver qu'elle l'aimait, puis déposait ensuite son tout-petit chez sa grand-mère, avant de se rendre au travail. Sa situation de mère célibataire avait un peu accéléré le processus d'attente d'une place en crèche, et son bébé y fut assez vite accueilli, lui assurant ainsi une plus grande autonomie. Elle devait travailler pour leur assurer une source de revenus. Elle n'avait pas le choix.

Louise

Parfois, elle avait un peu mal au dos, car son bébé était en réalité un beau gaillard de plusieurs kilos et que ce petit bonhomme si sensible avait besoin des bras de sa maman pour panser ses angoisses, surtout la nuit. Elle puisait profondément dans leurs étreintes emplies d'amour la force qui l'aidait à tenir. Elle avait aussi appris à cacher ses douleurs physiques. Elle dissimulait ses cernes comme elle le pouvait. Parfois, après ses journées les plus mouvementées, elle peinait même à trouver l'inspiration pour le repas du soir, sans compter l'énergie de le cuisiner ensuite. Mais elle finissait par préparer de bons petits plats pour eux. C'était important pour elle qu'ils aient une alimentation équilibrée. Puis, une fois les garçons couchés, elle s'écroulait de fatigue. Parfois aussi, quand ils étaient un peu en retard sur le programme de la soirée, ils mangeaient des repas préparés ou des pâtes à la sauce tomate. Tous les samedis, ils allaient à la cafétéria. Juste tous les trois. C'était leur rituel, qui finissait presque toujours par un tour de manège. Ils avaient retrouvé une légèreté et leurs rires résonnaient souvent dans leur appartement.

Elle abordait les journées avec le sourire, effaçant sur ses joues, parfois, les larmes de chagrin d'une femme brisée. D'une mère inquiète et épuisée. Car Louise dormait très mal. Son masque s'était transformé au fil des semaines en une véritable armure, qu'elle prenait soin de perfectionner tous les matins. Ne rien montrer. Ne pas laisser penser qu'elle était parfois faible. Ne pas laisser transpercer son hypersensibilité. Personne n'a jamais su que le traumatisme du départ de cet homme qu'elle avait tant aimé l'avait affectée au point de ne plus dormir. Seule sa perte de poids inquiétait un peu son entourage. Comment imaginer, derrière son sourire, que la nuit d'avant, elle avait fait des cauchemars et qu'elle avait sursauté à chaque frémissement de porte ? Qu'elle vérifiait quatre fois avant de dormir que la porte d'entrée de leur appartement était bien fermée ? Qu'elle tremblait de peur, souvent, au moindre bruit, la nuit ?

« Et si le père de mon bébé avait un sursaut de lucidité et se souvenait qu'il avait un tout-petit qui dort sagement dans son lit à côté de moi ? Voire avec moi, en co-dodo que nous aimons tant tous les deux ? Et s'il avait envie de l'embarquer sauvagement ? Que pourrais-je faire contre un homme corpulent de 1,85 m ? », pensait-elle alors.

Mais rien de cela ne s'était passé. Les semaines et les mois avaient défilé à un rythme effréné, partagés entre la fatigue, l'isolement, la pauvreté, mais aussi et surtout le plus beau des cadeaux : l'amour de ses enfants. Leur trio était devenu tellement solide qu'il lui avait donné l'impulsion de déménager dans une maison, loin de ce passé. Pour qu'ils prennent un autre départ tous les trois. Une nouvelle vie.

Aujourd'hui, Louise a 30 ans, cela fait un an qu'ils vivent dans cette nouvelle maison. La vie continue et elle a trouvé un équilibre dans sa vie. Elle vient de passer un printemps compliqué. Elle avait en effet enfin eu le courage de contacter un avocat quelques mois plus tôt pour entreprendre de clarifier la situation sur les modalités de garde de son petit garçon de 2 ans.

Ce matin, elle a reçu dans sa boîte aux lettres un courrier du juge aux affaires familiales. Elle et son avocat ont gagné. Le père de son fils a été reconnu malade et le jugement stipule longuement qu'il pourra voir son fils un week-end sur deux, sans la nuit. Sans droit d'hébergement donc, écrit noir sur blanc. Louise relit maintes fois ce jugement qui, elle le sait, elle le sent, va changer sa vie. Elle finit par en connaître le moindre mot. Puis elle regarde son petit garçon qui joue avec ses doudous en se créant un monde imaginaire.

La menace est écartée et la justice a entendu et considéré ses craintes justifiées concernant la sécurité de son enfant. Elle peut à nouveau respirer. Et dormir.

Ses garçons ont bien grandi. L'aîné est toujours aussi vivant. Ils sont très différents, tous les deux. Alors que le grand se lève déjà à fond et a besoin de ses heures de sport, vélo et activités physiques tous les jours, le second peut rester des heures à jouer avec ses doudous, à caresser les chats, à explorer le monde avec un regard extrêmement sensible et pertinent. Il est aussi un véritable petit clown. Il ressemble physiquement énormément à son père. Il est grand, ce qui amuse Louise qui, elle, est petite. Mentalement, en revanche, il lui ressemble tant qu'ils n'ont parfois pas besoin de mots pour se comprendre. Ils évoluent dans le même univers. Un univers parfois trop dur pour eux, trop violent, trop bruyant aussi. Les deux frères sont inséparables et se nourrissent chacun de l'énergie de l'autre. Ils se chamaillent autant qu'ils s'aiment. Les histoires du soir n'en finissent pas, et son petit se crée un monde à partir de ces contes pour imaginer des suites, ce qui alimente beaucoup leurs discussions lors de leurs petits-déjeuners communs. Louise les surprend parfois dans le même lit, et elle caresse alors leurs visages tendrement.

Même si la vie de mère célibataire est dure, elle est ravie de pouvoir évoluer librement. Son esprit indépendant l'aide à dompter un nouveau fléau dans sa vie : la solitude. Le manque d'amour d'un homme la fait souffrir. Mais elle s'est fait une promesse : elle ne veut plus jamais d'homme instable. Elle préfère être seule que mal accompagnée. Quand elle sent les larmes monter le soir, toute seule en bas, devant son thé, elle monte à pas de loups dans la chambre de ses garçons et elle les regarde dormir. Elle va alors dans sa chambre et s'adonne à son activité favorite : la lecture. Elle n'a rien trouvé de mieux pour combler ce manque et faire voyager son imaginaire dans des contrées mystérieuses, tantôt sombres, tantôt lumineuses, féeriques, bizarres, déjantées, ou parfois aussi, ce qu'elle préfère, dérangeantes. Elle s'évade à travers les pages des nombreux romans qui passent entre ses mains.

Elle regarde ses enfants évoluer. Son grand, toujours aussi vivant, fait écho à son dynamisme. Dès que la météo le permet, elle l'accompagne souvent à l'école en vélo, le petit perché sur le porte-bébé derrière elle. Et son petit, avec ses deux ans, capte tout ce qu'il se passe, avec ce regard noir parfois lointain et profond. Il a mis un peu de temps à parler, mais il se rattrape : un vrai moulin à paroles ! Elle a peur pour lui, mais elle ne le dit pas, car une mère, ça endure et ça ne dit rien. Elle l'entoure de douceur et le protège.

Les mois et les années passent.

Louise a 32 ans. Elle est heureuse, mais parfois, elle se sent si seule… Seule face aux remarques des enseignants, face aux injustices d'une société qui pardonne toujours le parent absent, le plaignant presque, alors que c'est le parent présent qui assume tout sur ses épaules. Seule aussi face aux factures à payer, aux coups de fil menaçants de la banquière, aux exigences de son travail, aux déceptions parfois, aux demandes de ses enfants qu'elle tient à honorer, même au prix de fins de mois difficiles.

Alors, l'été de ses 32 ans, Louise décide de se prendre en main pour évoluer et comprendre.

Elle trouve une psychologue compétente et demande son aide. Elle ne veut pas de plainte, elle veut juste avancer. Elle veut plonger à l'intérieur d'elle-même, sans fard, pour comprendre enfin pourquoi elle est toujours attirée par des hommes instables ou qui ne l'aiment pas vraiment. Pourquoi ne pense-t-elle pas mériter mieux ?

Suite à cette prise de conscience, et contre toute attente, elle sombre.

Elle gère en parallèle des soucis de santé, ayant entraîné une opération intime humiliante. Toute sa vie désormais, elle devra s'imposer un suivi et ça l'agace, ça l'énerve, ça la met en rage. Elle veut encore être forte et soulever des montagnes ! Pourquoi son corps lâche-t-il maintenant ? Elle a été forte trop longtemps. Un gouffre s'écarte sous ses pieds, et elle n'arrive plus à l'enjamber, alors elle se glisse et explore aussi ce monde. En allant chercher au fond de son esprit des réponses, elle renaît autrement. Son inconscient devait être entendu et considéré.

Elle s'isole et apprivoise pour la première fois de sa vie la solitude, non comme un fardeau douloureux et subi, mais comme une nécessité, un passage vers une nouvelle vie. Elle se regarde avec sévérité et décide aussi de repousser les avances des hommes, parfois mariés, parfois non, parfois sincères, parfois non, qui proposaient si gentiment leurs services sexuels. Elle sourit en se remémorant le nombre de fois où elle a entendu : « Tu es une femme seule avec tes enfants. Tu dois bien avoir des pulsions et des besoins, non ? Je veux bien t'aider, si tu le veux ! », avec un regard torve posé sur ses fesses et ses seins, mais certainement pas sur ses yeux ni son être.

Il n'en fallait pas plus à Louise pour percevoir que sous des apparences de gentleman du dimanche, ils cachaient une envie d'aller voir si l'herbe n'était pas plus verte dans le pré de la voisine, tout en prévoyant tout aussi gentiment d'enlacer leur femme le soir. Peut-être pour se prouver qu'ils peuvent encore plaire ailleurs ?

Dotée d'un grand sens de l'humour, elle leur répondait alors, bien justement, qu'elle savait s'occuper d'elle seule et qu'elle y arrivait d'ailleurs très bien ! Qu'elle n'avait nul besoin des services, même si délicatement proposés, d'hommes mariés, alors qu'un jouet n'avait que des avantages à ce niveau-là. Car, en plus de gérer sa vie avec ses enfants, elle ne voulait surtout pas gérer en plus les soucis de couple des autres. Elle se savait si sensible qu'elle était capable de s'attacher, ce qu'elle ne pouvait pas envisager. Elle ne préférait donc pas jouer avec le feu, de crainte de graves brûlures. Tout cela l'avait, au fil du temps, rendue méfiante, sauvage, inaccessible.

Elle a bien sûr connu des hommes, libres, évidemment, dont certains ont compté. Elle n'est pas non plus une sainte. Elle n'oublie pas qu'en plus d'être mère, elle n'en est pas moins une femme.

Mais maintenant, elle ne veut plus de cela. Elle le sait. C'est du passé, elle veut un autre avenir. Alors, elle s'impose un célibat. Elle décide qu'il durera au moins un an. Elle est prête et déterminée. Elle ne veut plus reproduire de schémas stériles et désire briser ses chaînes. Après avoir décidé cela, elle commence à se regarder vraiment.

Le grand miroir de sa chambre devient son outil d'évolution. Alors qu'avant, elle évitait de se mettre devant l'image d'elle tant son corps l'exaspérait, elle décide de passer le cap et de se regarder, pour la première fois avec bienveillance, moralement avant tout. Elle s'accorde enfin le respect et même l'admiration. Oui, la maternité l'a transformée, oui, elle a les traits tirés, des cernes, mais elle est bien là.

C'est alors que le petit miracle se produit, à l'intérieur d'elle. Son ange gardien lui souffle des paroles dans ses rêves. Des mots d'amour. Des mots de fierté. Alors, par curiosité d'abord, puis par amusement, et enfin par nécessité, elle retourne tous les jours, pratiquement nue, devant le miroir. Elle fait la paix. Enfin. La paix avec son passé, mais aussi avec ses défauts et imperfections. La paix enfin avec son corps qui a donné la vie deux fois, qui n'a pas été épargné par d'autres épreuves, mais qui est là, devant elle. Imparfait, mais beau. Elle apaise son âme.

Elle se regarde, et au lieu de voir les détails qui avant lui sautaient aux yeux et à l'esprit, jusqu'à l'aveugler et lui donner envie de fuir les miroirs, elle voit maintenant une femme qui a survécu à l'isolement, la pauvreté, l'éducation de deux enfants seule, les difficultés que rencontrent tous les parents solos : la double charge mentale, les triples journées, les devoirs à surveiller, les douches à superviser, les repas à préparer. Ses adorables lutins viennent souvent lui donner un petit coup de main en cuisine, parfois maladroitement, mais toujours avec plein d'amour. Ils inventent tous les jours cette vie en trio. Elle apprend à voir le plus beau en chaque chose et à l'apprécier : les rires devant le dessin animé un peu débile choisi par les garçons, les histoires du soir qui leur permettaient d'aborder des sujets tantôt légers, tantôt sensibles, les promenades main dans la main avec eux.

Elle apprend à vivre le moment présent. Tous les matins, avec son plus petit, elle regarde le ciel. Ils imaginent ensemble des formes dans les nuages. Elle a toujours aimé cela et partage ce petit rituel avec joie avec lui. Ils sortent tous les jours, tout au long de l'année et de ses saisons. Tous les trois regardent la lune et les étoiles le soir en rêvant. Elle plonge son regard dans celui de ses enfants. Le regard vert et le regard noir. Ils sont tellement beaux ! Elle les aime tant ! Elle est une maman heureuse et épanouie. Elle apprend à relativiser en toute circonstance. Elle est fière de sa vie atypique, de maman artiste, de femme passionnée, curieuse de tout, insatiable. Elle apprend à s'aimer. Et ça change tout.

Louise sort enfin de sa chrysalide et déploie ses ailes. Elle rit, elle chante, elle fait toujours autant de musique, sa passion et métier. Tout prend une autre saveur. De la dépression sort une femme libérée, apaisée et surtout : libre. La vraie liberté. Elle reconnaît ses torts dans son passé, elle les délie, apprend à vivre avec et décide non pas de s'accabler davantage, mais de les comprendre pour ne plus jamais les reproduire. Enfin, elle se pardonne. Elle a envie de serrer cette petite fille à l'intérieur d'elle, qui parfois crie encore. Alors elle le fait. Elle la serre tout près de son cœur et lui susurre des mots doux. Elle la rassure. Louise change de vie.

Aujourd'hui, Louise a 33 ans. Une année est passée depuis sa renaissance. Elle vient de rencontrer un homme. Elle sait qu'il sera le bon, cette fois. Son intuition la trompe rarement. Elle a guéri et ne porte plus le fardeau de son passé sur ses épaules. Elle sait maintenant ce qu'elle veut et souhaite partager : de la communication, de la douceur, de l'amour, du soutien. Lui aussi veut cela. Alors elle enlève enfin son masque, puis son armure. Elle se montre au grand jour, telle qu'elle est. Elle sourit non plus par obligation, mais car elle rayonne de l'intérieur.

Elle entre dans cette relation à pas feutrés, avec prudence, mais elle savoure. L'amour, le vrai, celui qui nous porte et nous pousse, et non celui qui nous précipite dans l'abysse. Louise assure toujours sa vie, mais désormais, elle est accompagnée.

Deux ans passent. Louise a 35 ans. Elle construit avec son amoureux tous les jours une famille dite recomposée. Eux disent une famille « à composer ». Ils apprennent à gérer les sensibilités de chacun. Ensemble. Ils ont déménagé dans une maison : leur nouveau cocon.

Aujourd'hui est un grand jour, car toute la famille accueille une nouvelle dans la tribu. Les yeux des frères et sœurs se posent sur le berceau et elle sait que leur petite fille ne manquera jamais d'amour. Louise et son compagnon ne se lassent pas de regarder, admirer, sentir, toucher, masser cette nouvelle venue, et son cœur déborde d'amour. Elle qui s'était promis, après le traumatisme du départ du père de son deuxième enfant, de ne plus en avoir, car elle avait trop peur, a changé d'avis. Elle réalise que dans sa vie, elle a passé huit ans à élever seule un ou deux enfants. Mais tout cela est désormais derrière elle. Il y a cette petite princesse à aimer, et la vie continue.

Louise

Aujourd'hui, Louise a 42 ans. Elle est une femme chanceuse. Ses ailes se déploient encore. Plus rien ne peut l'arrêter. Elle aime la vie, en apprécie chaque journée et n'oublie pas d'adresser un mot de gratitude à son âme tous les soirs avant de s'endormir.

Elle ne regrette rien. Elle sourit. Elle regarde son aîné de 19 ans, devenu un homme, avec des valeurs qui la rendent si fière. Elle observe aussi son second, un grand adolescent de 14 ans, qui gère l'abandon total de son père depuis quatre ans et demi. Il a fini par quitter le navire de la paternité après des années de procès. Toute cette lutte ayant amené quelques passages au tribunal, pour rien… Plus un mot, plus une lettre, plus une nouvelle. Louise et lui savent juste qu'il est en vie, non loin de là. Mais il ne veut plus être père. Alors, son ado apprend à faire ce deuil. Elle ne peut s'empêcher de se défaire de cette inquiétude le concernant et ne comprend pas pourquoi il ne veut toujours pas montrer ses capacités à l'extérieur, et pourquoi il s'enferme dans un monde virtuel. Elle a pourtant une confiance absolue en lui et sait qu'il aura un jour un déclic. Elle regarde aussi sa petite fille de sept ans. Ses larmes coulent devant le chemin accompli. Le plus beau de sa vie.

Si je vous ai raconté l'histoire de Louise, c'est pour faire passer un message à tous les parents seuls à bord du navire. J'aimerais leur dire qu'ils sont forts, et que même s'ils ne sont pas parfaits, ils sont un repère central pour leurs enfants. Qu'ils ont le droit à l'erreur, mais pas de baisser les bras. Que la vie s'improvise au jour le jour, et que même si ce n'est pas tous les jours la joie, chaque journée peut apporter son lot de beauté, de surprise, de bonheur et de légèreté. Qu'ils doivent faire la paix avec eux-mêmes, se pardonner, arrêter de se blâmer du matin au soir pour ce qu'ils n'ont pas eu le temps ou l'envie de faire, mais au contraire valoriser ce qu'ils ont réussi à accomplir. Qu'ils doivent se regarder, eux aussi, dans le miroir, et se dire qu'ils peuvent être fiers de ce qu'ils sont. Qu'il est bon et même presque primordial aussi de partager ses émois avec les autres. Un ami, un membre de la famille, un parent qui a vécu une situation similaire, une association, un blog, peu importe le biais ou la personne, il faut tenter de sortir de son isolement, qui doit dans le pire des cas être passager.

Car l'isolement ne fait qu'enfermer la personne qui construit jour après jour les barreaux de sa propre prison. Louise en sait quelque chose... Nous vivons dans une société dure et parfois injuste, mais c'est à nous tous et toutes de la rendre plus belle, humaine, chaleureuse et solidaire.

Ce changement doit venir de nous-mêmes. J'aimerais aussi adresser un mot à ces parents souvent fatigués : demandez de l'aide si vous en ressentez le besoin. Osez parler, partager. Osez prendre la main qui se tend vers vous et que vous n'arrivez même plus à voir, tellement vous pensez en être indigne. Osez aussi montrer à vos enfants que vos épaules, parfois, ont besoin de s'alléger. Surtout, n'ayez pas honte.

Vous ne représentez peut-être pas le modèle parfait que la société attend de vous, mais vous représentez quand même une famille. Une famille juste différente. Ce n'est pas grave, tant qu'il y a de l'amour, de la joie, des rires, de la vie.

Enfin, parents, citoyens, enseignants, passants dans la rue, tendons la main aussi à notre tour.

Ne laissons pas cette maman seule, qui affiche un beau sourire, sans lui dire un mot gentil, un encouragement. Elle fait ce qu'elle peut.

Ne laissons pas seul ce papa n'ayant pas réussi à bien coiffer sa petite fille, car le matin, c'est parfois compliqué de préparer tout le monde dans les temps. Au lieu de le regarder de travers, aidons-le à mettre l'élastique dans les cheveux de sa princesse, car ne perdez pas de vue que c'est elle qui l'aide à tenir et avancer. Les enseignants, sachez qu'élever seule ou seul un enfant est difficile.

N'hésitez pas à associer aussi le parent absent dans les remarques ou reproches que vous pouvez faire à propos d'un élève. La société tout entière, enfin, doit apprendre à aimer avant de juger. Avant toute critique, proposez d'abord votre aide. Avant de charger d'une culpabilité encore plus grande les parents seuls, regardez-vous aussi et cessez de les regarder de haut, vous sentant parfois épargnés. Nul ne l'est.

Un décès ou une séparation peuvent affecter chacun d'entre nous. Nous évoluons tous dans le même bateau. Alors, prenons les rames et partons loin, ensemble, dans un voyage plus solidaire et respectueux.

Sacerdoce

Par Yoann Laurent-Rouault

La monoparentalité ?

J'ai découvert le phénomène sur le tas.

Et sur le tard.

Après les cinq années de bonheur avec ma première ex-femme (c'est-à-dire la durée de la procédure de divorce) qui suivirent les trois premières années de malheur passées, de folie et de crimes contre tribunaux et avocats, livret de famille et morale chrétienne, mairie et Caisse d'allocations familiales, famille et belle-famille, après tous ces rebondissements, cette folie procédurière, ces passions meurtrières, ces coups de tabac, ces coups sous la ceinture : j'étais enfin libre.

D.I.V.O.R.C.E.

Contributaire, ruiné, mais libre.

Huit années de galère, mon frère, comparable à la traversée La Baule-Sydney assis le cul sur un bidon avec une seule rame.

La liberté a un prix, quoi qu'on en dise.

Surtout quand on fait la connerie de se marier à 20 ans, en pleine bohème et que 10 ans plus tard, on pèse son presque million d'euros...

L'ardoise n'est pas la même. Aznavour peut bien chanter, ça ne change rien. La BM, les huissiers l'ont saisie.

Quoi qu'il en soit, au sortir de cette ténébreuse union, je misais tout sur ma nouvelle jument blanche, casaque à motifs Pampers, excellente sur terrain lourd, c'est-à-dire ma nouvelle et adorée femme. Compagne. Princesse. Future mariée. Ancienne fiancée. Qui s'avéra être un dragon au demeurant, bête à concours pour la coupe de feu, réquisitionnée d'office pour ce casting d'Harry Potter.

À cette époque, avec ma nouvelle future ex, nous avions déjà vécu nos trois ans d'amour. Formidable. De bien belles années, bout d'éternité programmée. Sérénade au balcon et champagne dans les escarpins. Et puis, l'enfant vint. Et puis les emmerdements en cascade avec. Et puis ça ne va plus, alors on se sépare, on se remet ensemble, on se sépare encore…

On y retourne, charge lourde, mortier et baïonnettes…

Tuons la bête immonde.

Parce que c'est trop con !

Et la gosse, bordel ?

Elle y est pour rien, elle !

Elle n'y est rien pour rien, mais tout le monde s'en fout.

Les parents boivent, les enfants trinquent, comme dit le proverbe !

— Chéri, arrête de pleurer, maman est partie vivre sa vie à Paris. Elle se prend pour Amélie Poulain, ça va lui passer, ne t'en fais pas. Elle ne t'abandonne pas, elle te laisse. Nuance.

Et le temps passe…

D'hiers en demains, le même refrain. La peur, la solitude, la crainte de mal faire, de ne pas être un bon père. Puis un jour, l'enfant s'en va à son tour. Dans notre beau pays de cons, la mère a tous les droits et les pères aucun. Elle reprend sa vie où elle l'avait laissée cinq ans auparavant, vous laisse dans les travaux, les ruines et les décombres de la famille française moyenne. Elle vous a pris en otage. Massacré sur place, dépecé et vendu à la sauvette à des carabins. Vos organes voyagent séparément dans des petites valises. Et il faut faire bonne figure.

Si.

Payer pour l'enfant et la mère, oublier les sacrifices de ces cinq dernières années, ne rien ressentir, ne pas pleurer…

Messieurs, souriez, vous êtes filmés !

N'empêche que la chambre de la petite est vide.

Alors oui, sur le tard, cette monoparentalité, je l'ai comprise.

Détestée au début.

Puis acceptée.

Puis aimée.

Pas facile, me direz-vous, de passer de la couche à changer et du Blédichef à chauffer à la réunion de cadres supérieurs où il a fallu prendre l'avion pour s'y rendre. De reprendre l'avion le soir même et de rentrer au pas de course, pour conduire votre enfant à l'école le lendemain matin. Sans oublier cette putain de saloperie de goûter. Pas facile de manager des commerciaux et d'interrompre la conversation parce que l'école, l'institutrice, la nounou ou le pédiatre téléphonent et que le doudou est perdu.

Pas facile non plus d'avoir une vie amoureuse :

— Tu élèves seul ton enfant ? Mais c'est fou ça, tu es un homme !

Horreur, malheur et dépression !

Suspicion et enquête.

Quelle est donc l'espèce de salopard qui enlève un gosse à sa mère !

Dans l'heure, de beau brun célibataire à gros salaire, belle voiture et trentenaire, bon coup potentiel, tu deviens une sorte de Landru, de bouilleur d'enfants, d'ogre version *Contes de la crypte* !

Solidarité vénusienne sans doute…

Et puis, les femmes supportent plus difficilement les enfants d'un autre lit que les leurs. C'est la vie, c'est comme ça et je me fous complètement que vous pensiez le contraire. Je l'ai vécu, j'ai eu le temps de me faire une idée sur la question.

Alors, oui, des difficultés.

Pas financières dans mon cas, quoique ce poste, je l'aie obtenu en cours de route et qu'au départ, c'était le bal des mandataires et des huissiers version Polanski. Mais : promotion, mutation, déménagement de la poussette et du reste à huit cents kilomètres, alors virginité momentanée.

La plus grosse difficulté pour moi résidait dans cette question : suis-je un bon père ?

Et sous-entendu : vais-je arriver à élever mon enfant sans SA maman ?

Sans joie amoureuse et dans la contrainte pour moi ?

Sans les seins de sa mère et son amour pour lui ?

Bonnes questions…

Pas préparé, mal équipé, d'une nature peu patiente à l'époque, fougue de mes jeunes années prises en étau, une horloge atomique dans la tête pour couronner le tout, je crois que l'un dans l'autre, je m'en suis sorti.

De tout.

Des ronces, du sable et de l'eau.

Des assistantes maternelles qui n'arrivent pas à se mettre dans le crâne qu'une mère peut aussi déconner sec, qu'un père peut vivre seul avec son enfant et que ce n'est pas parce que c'est une femme qu'elle est à l'abri de mon prodigieux sens de l'insulte cataclysmique.

Des nounous à 200 euros la soirée, téléphone portable greffé dans le cerveau, neurones Béréziniens, Lolitas de pacotilles pour Sugar Daddies dépravés, avec qui l'expérience de confier son enfant à une tierce personne tourne au cauchemar… mais dont on se souvient malgré tout dans les soirées de solitude, entre précisément minuit et minuit dix.

Des courses dans le magasin avec le fatal : papa, pipi ! Pas de bol, mon fils est une fille. Toilettes dames. Effroi dans la volière… Satyre de centre commercial. Petit caporal de la solitude parentale.

L'histoire du soir, après le pyjama et les dents, pleine de princesses formidables et de princes charmants un peu cons.

Les Barbies. Les poneys…

De vous à moi, ça ne vaut pas un bon Goldorak !

Des dents de lait, du pot, des fièvres nocturnes, des délires avec Babar…

Des pleurs pour maman ; et là, c'est dur !

— Pourquoi maman n'est pas là ?

— Pourquoi maman elle n'appelle pas ?

— Pourquoi maman elle ne m'aime pas ?

Ça va jusque-là.

Et des fois encore plus loin, jusqu'à la crise de nerfs.

Saint congélo, priez pour moi !

Quelquefois, ça arrivait.

Souvent par périodes !

Message à l'indigente : appelle ta fille !

Pas de réponse.

Amélie pour l'un comme pour l'autre. Amélie est occupée. Du poulain à l'étalon, pourtant…

Et alors que vous n'avez qu'une idée en tête, celle de mandater Léon pour régler une fois pour toutes le problème de la mère indigne, mais magiquement, vous parvenez à trouver des mots qui la défendent et rassurent l'enfant. Abnégation, don de soi, bonté naturelle, conscience du rôle de père, connerie…

Appelez ça comme vous voulez, on est en démocratie, paraît-il, je vous laisse libre.

Deux ans plus tard, elle, au tribunal, quand elle aura « rapté » votre enfant à la sortie des classes, et que vous vous battrez pour le voir quatre semaines par an à cause de la distance, elle ne se gênera pas pour vous en priver, de cumuler les faux témoignages…

Ordure, etc.

Salope !

Mais un « salope » bien articulé. Tonitruant. Résonnant entre l'Everest et le Kilimandjaro.

Un mot qui résonne fort dans le firmament des amours perdues.

Prononcé avec foi et conviction !

Ce que je retiens de cette période ?
Pour un père isolé, tout est difficile.
Tout est compliqué.
Comme pour une mère, je présume.
À cette différence que les femmes sont dans la bonne case et les hommes dans la mauvaise.
La situation d'un père n'est jamais perçue comme légitime.
Jamais.
Maman sûrement, papa peut-être.
Et en France, le monopole de la mère sur l'enfant fait rêver tous les lobbies américains.
Le temps passe et la société recule sur l'idée, alors que la femme prend un peu plus le pouvoir chaque jour. Désolé d'écrire ceci, je suis pour l'égalité des sexes, et en matière « familiale », nous braves types, payeurs et déclarés, nous sommes à la ramasse.
Totalement.
Après tout ce cirque, quoi qu'il arrive, on reste dans la monoparentalité. Dans le droit de visite et les kilomètres « gameboy », les arrêts station-service, les blagues pourries et la gêne palpable. Dans la gueule à table, le non-dit à papa, les traces éducatives de ce fils de... de beau-père, le bourrage de crâne maternel antivous et la tristesse d'avoir tout foiré de A à Z.
Plus grand-chose à se dire.
Quatre à six semaines par an...
Que voulez-vous construire ?
Elle grandit, elle s'en fout, elle s'en va, comme sa mère à une époque.

Sacerdoce

Puis silence radio.

Il ne reste plus que quelques photos pour pleurer.

Quelques questions suspendues au fil à linge.

Un rire qui revient, celui d'une petite fille qui fut un jour votre essentiel.

Une relique ou deux : un élastique à cheveux et une photo dans le portefeuille.

C'est la vie.

C'est naze.

C'est con.

Mais c'est comme ça.

Sur le sujet, lire *Le connard nu,* aux éditions JDH, collection Magnitudes 7, sous le pseudonyme de Arthur Saint-Servan.

Ma monoparentalité

Par Laurence Paulmier

Un samedi soir, à 21 h, pendant les vacances, les enfants attendent leur programme devant la télé.

C'est calme, beaucoup trop calme ! Qu'est-ce que ça cache ? C'est le syndrome du parent solo !!! Quand tu es seule avec tes enfants et qu'il y a la paix dans la maison, il y a toujours un doute : moment d'accalmie ou tuile ?

Ce soir, j'ai de la chance, ils sont détendus. Comme d'habitude, j'ai fait un repas pas prise de tête qui fait plaisir à tout le monde : pizza ! Mais une pizza maison, unique, comme nous, où l'on met que ce qu'on veut : pour moi, partie sans fromage, pour le grand, avec de la sauce qui pique et sans herbes, et pour la petite, le classique sauce tomate jambon. C'est plus facile qu'un repas traditionnel, mais aussi plus cool et surtout pas cher à réaliser.

Première évidence : quand on est un solo, comme la plupart des mamans solos, on fait attention à son budget !

J'ai quarante ans (enfin quarante et un, mais quarante, c'est bien, c'est rond) et mes enfants ont huit ans et demi et dix ans et demi. Et le demi, contrairement à moi, c'est important pour eux !

Ils sont rapprochés, c'était volontaire. Avec leur papa, c'était notre souhait pour sortir rapidement des couches et qu'ils puissent jouer ensemble par la suite. On a bien fait les choses : un aîné, une cadette. On rêvait d'un troisième, mais on s'est arrêtés là et, vu la suite, c'est mieux ainsi.

Le « hic » est arrivé dès la naissance de la miss et s'est dégradé vers ses 6 mois. Le papa voulait une fille, mais n'était pas à l'aise dans son rôle de père avec elle. Ça arrive, c'est psychologique, il faut travailler sur soi. Après quelques mois, la séparation a été officialisée et ma fille a fêté sa première année chez ses grands-parents.

Deuxième évidence : quand on n'a pas de travail et qu'on se retrouve seule avec des enfants tout petits, ça commence à être difficile à tout niveau : moralement, socialement, financièrement.

J'ai eu un gros passage à vide et je ne savais pas comment gérer le regard des autres, ou en tout cas, l'impression qu'ils me regardaient. Je suis admirative de ces mamans qui arrivent à tout gérer, mais moi, ce n'était pas mon cas.
Heureusement, j'ai des parents qui ont pu nous accueillir dans leur maison et qui m'ont soutenue.

Je sais que j'ai de la chance de les avoir « sous la main ». Je ne sais pas comment font les solos isolés ! J'avais besoin de ma famille pour rebondir et retrouver une nouvelle vie.

Les six premiers mois ont été les plus durs. Entre une petite dépression et une totale remise en question de la vie que l'on a menée avant, on se demande ce que l'on va bien pouvoir faire. On rumine encore et encore les mêmes questions : est-ce que j'ai pris la bonne décision ? Serais-je capable de faire seule ce qu'on faisait à deux ?

Il a fallu vite se ressaisir et trouver du boulot. Rester un poids mort chez les parents n'est pas la situation la plus appréciable qui soit !

Pour trouver du travail quand on n'a pas de réseau, il n'y a d'autre choix que la filière classique : le parcours à Pôle emploi, le bilan de compétences et autres preuves de bonne volonté de trouver un job pas trop pourri.

J'ai décidé de retravailler dans le milieu enseignant, mais sans avoir les inconvénients de mon ancien poste. J'ai postulé au ministère de l'Éducation nationale, celui où je travaillais juste avant d'avoir mes enfants. Et miracle, j'ai été embauchée illico presto.

J'ai repris la direction du travail en même temps que celle de la petite section, et l'autre, celle de la crèche.

Et là encore, on dit merci qui ? Merci, Papa, merci, Maman ! Comment faire sans eux ? Il m'aurait fallu mettre les enfants à la garderie de 6 h 30 à 19 h ! Ça aurait été tellement dur pour mes enfants... Quand on est contractuelle, on ne choisit ni le lieu d'affectation ni ses horaires. Si je n'avais pas eu mes parents, j'aurais distribué au minimum un tiers de mon salaire dans les frais de garderie ! Et que dire du bien-être des enfants ? En étant seule, avec un travail à perpète, je ne les aurais pas élevés, juste nourris !

C'est dur, simplement dur. J'ai juste de la chance d'avoir des parents qui ont su et pu m'aider au bon moment. La cohabitation a demandé un temps d'adaptation, mais chacun a fini par prendre ses marques et chacun a trouvé sa place, du moins en apparence.

La figure paternelle manquait aux enfants, mais ils ont fait avec celle des hommes de la famille. Ma fille étant toute petite, le juge avait validé juste un droit de visite pour le papa qui ne se sentait pas de la prendre chez lui sans aide d'un autre adulte.

Les enfants se sont « habitués » à la situation. En fait, ils ont dû faire avec. Résilience.

J'ai continué mon travail encore un an en étant contractuelle. J'ai passé le concours l'année d'après et je l'ai eu. J'ai fait un an en tant que stagiaire, puis un an pour la titularisation l'année d'après. Si vous comptez, ça fait quatre ans de travail. Et durant tout ce temps, la situation familiale n'a pas bougé ! J'avais fait une demande de logement HLM, mais leur réponse était sans appel :

— Vous ferez appel au D.A.L (Droit Au Logement) dans trois ans. En attendant, vous n'êtes pas prioritaire, Madame, vous vivez chez vos parents.

Mais moi, je n'ai pas voulu vivre chez mes parents !!!! C'est juste que c'était la seule solution dans l'immédiat ! Je n'ai pas voulu être un Tanguy avec deux enfants chez ses parents âgés !

Se reconstruire après une séparation et offrir un nid douillet à ses enfants, ce n'est donc pas prioritaire ? Si c'est juste anecdotique pour le monde de la bureaucratie, c'est juste légitime et vital pour moi !

Elle a un toit, de quoi se plaint-elle ? Eh bien, si je suis la maman de mes enfants, je suis aussi la fille de mes parents ! Difficile d'élever mes enfants comme je l'entends en devant respecter les règles de mes parents. Et là, c'est le conflit générationnel. Ils ont maintenant 70 ans, difficile de leur faire comprendre pourquoi je suis moins stricte qu'eux et pourquoi je ne veux pas l'être.

Être parent, c'est incarner des valeurs aux yeux de ses enfants. Quand on n'est pas l'adulte référent sous son toit, difficile

Ma monoparentalité

de faire respecter ses convictions. Cela laisse planer la confusion sur l'image de l'autorité parentale. Et là, les enfants sont très habiles pour en profiter. Comme dans un couple, me direz-vous ? Mais normalement, un couple éduque ses enfants avec les mêmes idées. Mes crapules l'ont bien compris : Maman dit non, demandons à Papi, il dira peut-être oui, ou mieux, à Mamie, qui est sourde, elle dira oui sans comprendre. Ils ont vite saisi toutes les failles du système. Incarner l'autorité parentale est un job à plein temps, et au moindre relâchement, ils en profitent, et c'est dur de rester toujours un super parent solo tout le temps.

Troisième évidence : quand on est un parent solo, on est seul et on est deux à la fois, des deux en un ! Après la Sainte Trinité et le shampooing qui fait après-shampooing-démêlant-nourrissant, voici le parent solo, le parent qui fait père et mère à la fois, le parent qui sait tout faire, qui doit tout comprendre et tout gérer. Oui, quand tu es parent solo, tu apprends à tout faire tout seul : un disjoncteur, OK ; un pneu crevé, OK ; des rendez-vous dentiste, médecin… tu gères ; et tes enfants, tu gères, OK ! Mais on n'est pas des machines, il y a un cœur qui bat à l'intérieur, même si on fait semblant de tout savoir assurer.

Pour ma famille, la vie n'est pas un long fleuve tranquille : on a été cambriolés et des affaires des enfants ont été volées. Mon fils était en grande section et j'ai été convoquée par la maîtresse :

— Votre fils est triste, taciturne, il ne joue avec aucun enfant de son âge…

Mon petit bonhomme faisait une dépression. Vous conviendrez que ça fait déjà pas mal pour un petit gars de 5 ans : une maman solo, un papa absent, un cambriolage.

Après bien des démarches, il a été pris en charge par une pédopsychiatre. Elle a été d'un grand secours et je ne la remercierai jamais assez. Elle m'a fait un électrochoc ! Après quelques séances, elle m'a posé la question qui tue :

— Pourquoi cherchez-vous à être une mère parfaite ? Croyez-vous qu'il existe une seule famille parfaite ?

— Ben oui, ceux qui sont en couple pour élever leurs enfants !

Et là, elle m'a révélé un secret que tout le monde devrait entendre : **une famille parfaite, ça n'existe pas !** Ou si, à la télé, ou dans les contes de fées. Quoique, même pas dans les contes de fées, car les princesses ont toujours de vilaines marâtres.

Quatrième évidence donc : il n'y a pas de modèles de famille mieux qu'un autre. On fait tous des erreurs et on fait avec les moyens que l'on a. C'est très terre à terre, mais c'est la vraie réalité ! En gros, Messieurs, Mesdames, la perfection n'existe que dans notre imaginaire et il ne sert à rien de vouloir l'atteindre.

J'ai cherché à être la meilleure mère possible depuis leur naissance : allaitement prolongé, nourriture bio, plats maison, des jouets à gogo, un poney, si, si, c'est vrai ! En fait, il fallait juste être maman, juste être moi, ni plus, ni moins, juste que moi !

Je passe le secret aux autres solos : soyez vous, toujours vous et que vous !

On cherche toujours à compenser une absence que l'on considère inconsciemment de notre faute. Faute ? Quel vilain mot. Non, pas notre faute, c'est juste la vie. En fait, on a dû vivre une expérience, ce n'est pas plus compliqué que ça.

Ma monoparentalité

Le temps a passé, les années ont défilé. Les enfants grandissent et mûrissent plus vite que ceux des couples « normaux ». Ils doivent se responsabiliser plus tôt.

Mon fils cogite beaucoup et réfléchit sur les capacités de son père. Je me tais. Sujet sensible, voire explosif pour moi. Il comprendra par lui-même. Pas la peine d'en rajouter. Ma fille était un bébé quand on s'est séparés. Elle n'a pas tissé de liens affectifs assez profonds pour y être réellement attachée pour l'instant. Mais la vie m'a appris qu'il ne fallait rien présumer de l'avenir. Alors, pour l'instant, on vit le moment présent.

Je vous rassure, ou pas, je ne suis pas bouddhiste, mais la vie m'a fait des blagues qui m'ont fait réfléchir, me poser et me pauser ! J'ai décidé de ne plus m'énerver pour des détails matériels. Ça perturbe beaucoup mon fils, l'angoissé du moindre trou dans le pantalon.

Maintenant, nous sommes encore plus soudés tous les trois qu'une famille dite « classique ».

J'ai arrêté de jouer les deux rôles, c'était épuisant. Je suis seulement maman, c'est déjà pas mal, bien même ! Je suis autoritaire et laxiste à la fois ; en fait, flexible.

Cinquième évidence : ne pas dénigrer l'autre parent devant son enfant quoi qu'il arrive. Et c'est parfois ultra compliqué de dominer ses émotions quand on est en colère contre celui avec qui on a eu des enfants. Des enfants, ce n'est pas rien !

Pour en revenir à la vraie vie, nous avons fini par obtenir un logement de fonction, pendant presque deux ans. Expérience… mitigée !

J'étais tellement heureuse d'être seule avec mes enfants. Ne faire que ce que je voulais dans mon « home sweet home » : ma petite cuisine, ma petite chambre, la mini chambrette de ma fille.

Bref, vous l'avez deviné, quand on est solo en région parisienne ou autour d'une grande ville avec un salaire d'employée, même si c'est un logement de fonction, tout est mini dans votre vie. Dutronc avait tout compris !

Et là, qu'est-ce que je dis encore ? Merci, Papa, merci, Maman, de m'aider pour les enfants. Avec mes horaires, la meilleure solution pour mes enfants et pour moi était que mes parents les récupèrent après l'école et les gardent à domicile. Ma mère, maniaque de l'hygiène, s'occupait de mon logement pendant mon travail et des enfants à leur retour. Je me sens très privilégiée comme maman solo. Je sais que j'ai une aide inconditionnelle auprès de moi et des amis et amies en or.

Merci les copines pour les fringues de filles, pour les livres, les soirées pyjama pour ma puce, les soirées où les enfants jouent avec les vôtres sans jugement.

Merci, les copains, d'être juste des hommes et de montrer à mes enfants comment un papa fonctionne. C'est bête, mais tellement simple.

J'avoue, j'ai profité de la situation. Ma mère, retraitée, s'ennuyait. Je lui ai fourni un job à temps plein ! Elle avait tellement peur pour nous qu'elle faisait aussi à manger et je n'ai pas dit non à ses bons petits plats. Enfin, ça, c'est la version conte de fées : quand il n'y a pas de tensions.

Ma monoparentalité

Parce qu'avoir son bordel, sa vaisselle, son rangement, c'est aussi très agréable. Comment dire à ceux qu'on aime et qui font tout pour vous qu'ils se stressent trop ? Je n'ai pas réussi à lui dire, alors parfois, ça pétait entre nous.

Retrouver une vie d'adulte célibataire, c'est très agréable ! J'ai marqué mon territoire chez moi : une zone de bordel à laquelle je tiens beaucoup ! Je sais, c'est bizarre, original, ce que vous voulez, mais on ne touche pas à cette zone, c'est la mienne ! Je sais que pour certains, se plaindre comme je fais pourrait paraître incongru. Mais être revenu chez mes parents avec mes enfants, ça a été perdre une partie de ma liberté d'adulte pour redevenir l'enfant de mes parents. Les rôles ont été bouleversés et ça n'a pas été facile à gérer tout le temps. Mais sans eux, je n'aurais pas pu choisir d'être à temps partiel pour être plus avec mes enfants.

Pour mes quarante ans, mes copines, mes amours vaches, m'ont inscrite sur un site de rencontres. Elles en avaient marre de me voir seule et toujours qu'avec des anecdotes sur les enfants à raconter. Les enfants, la famille, c'est bien, mais le sexe aussi ! Ma meilleure amie m'a fait un profil à mon image.

Petite nouvelle dans ce monde de la drague virtuelle, et vu le manque de temps à des heures « normales », je suis tombée des nues en découvrant le monde actuel ! J'étais trop naïve, fleur bleue, une vraie cible pour les arnaqueurs du cœur sur le web.

Pour dire la vérité, c'est juste que je n'étais plus sur le marché de la drague depuis quinze ans et que je n'ai jamais été douée de ce côté ! Et en quinze ans, le monde a changé !

Par Laurence Paulmier

Comme dirait l'autre, c'est le jeu, ma pauv' Lucette ! Si tu es solo en 2020, tu es sur les réseaux sociaux. Si tu n'es pas connecté, tu n'existes pas. J'ai découvert ces sites et pris plaisir à discuter avec certains. J'ai eu aussi peur avec d'autres ! On trouve vraiment de tout sur ces sites.

Une maman solo peut être une proie facile, de la chair fraîche pour certains.

Vive la technologie, une appli, un site, un clic, ça se connecte, ça te jette ! Moi qui avais un manque de confiance en moi, j'ai été draguée, voire harcelée. Il faut vraiment en avoir envie pour rester sur ces sites ! Ce n'était pas mon cas. Et même ça, c'est payant. Je n'allais quand même pas dépenser de l'argent pour simplement discuter, non, mais !

Je suis de la vieille école : on discute, on discute beaucoup, on se regarde, on se cherche, on s'émoustille, on se trouve, on s'entrechoque. Je me suis désinscrite avec plaisir de ce site de foufous, pour rester polie. Pas mon genre, les jeunes de 30-35 ans qui veulent une femme plus « mûre » comme moi.

J'ai été une carnivore un été. Une expérience. J'avoue, je me suis sentie revivre, une vraie ado.

Puis, je suis redevenue moi, maman avant tout, maman solo surtout. Mais comment faire ?

Je suis allée ailleurs et un homme m'a trouvée. En fait, on a été en conflit dès le début. Il me rendait folle de rage ! J'avais envie de lui fermer son clapet, de le remettre à sa place. Et lui, idem ; enfin, je crois. Peut-être des peurs, des habitudes ?

Ma monoparentalité

Quand nous nous sommes rencontrés, il a craqué sur moi. Moi, je ne sais pas. Les enfants étaient en vacances avec leurs grands-parents. J'étais une maman solo célibataire lors de la rencontre, donc pas dans la vraie vie, pas dans ma vie.

J'ai rejoint les enfants et on a continué à s'écrire.

Comment fait-on pour dire à ses enfants qu'on a un amoureux quand on est une maman solo ? À l'époque, je ne savais pas. Situation nouvelle, l'inconnu ! Comment gérer une vie amoureuse et une vie de parent solo sans abîmer l'équilibre familial qu'on a mis du temps à construire ?

Les enfants ne sont ni aveugles ni aussi naïfs qu'on le voudrait. Faut pas prendre des vessies pour des lanternes, comme dit le dicton, et les enfants ne sont pas des lampions : quand maman sourit benoîtement dans la rue sans raison, c'est suspect. Autre indice trop voyant : le temps passé à écrire des SMS. Les enfants m'ont grillée très vite, mais je n'ai rien avoué tout de suite. Quand maman qui n'écrit que rarement à ses copines se transforme en une addict du téléphone portable, c'est louche ! Ce n'est plus une anguille, c'est un mérou sous roche ! Mais je n'allais pas leur raconter ma vie de femme, tout de même. Je ne savais pas où ça allait me mener, donc je n'allais pas les impliquer dans une direction inconnue.

Je suis scientifique, j'aime bien maîtriser les paramètres de ce qui m'entoure. Si je veux faire des équations, je veux gérer la variable ajustable. En l'occurrence, la variable ajustable ici, ce n'était pas lui, mais la gestion de mon cœur. Comment faire de la place à un autre être quand on a l'habitude de tout gérer tout seul ? Pas facile, pas facile du tout.

Je ne vous cache pas que j'ai menti à mes proches. J'ai beaucoup, beaucoup vu mes copines pendant trois mois et ma garde-robe a beaucoup évolué. Maman a mis des robes et des talons, alors qu'avant, c'était jeans baskets en tenue de camouflage. J'ai trouvé que mes copines comme alibi pour voir en secret mon chéri. Pas facile de dire à ses parents : « Je vous laisse les enfants, je vais m'amuser et prendre du plaisir avec un être humain qui fait palpiter mon cœur. » Too much pour mes parents et moi. On ne montre pas nos sentiments. Avant, de peur d'avoir toujours mal, après, de peur que l'on voie mon bonheur, comme s'il n'était pas légitime après tout ce qu'ils ont fait pour moi.

Petit rappel des copines et du psy : « Si vous êtes heureux, vos enfants le seront aussi. » Et c'est vrai !

Pour la vie privée, j'ai apprécié cette clandestinité. On aurait dit une ado qui fait le mur. Mais j'ai tellement culpabilisé d'aimer une autre personne que mes enfants ! C'est quand même bizarre de se retrouver amoureux alors qu'on a déjà vécu tout ça avant, normalement.

Pour mon amoureux, c'était plus facile. Il était aussi parent célibataire, divorcé depuis plus longtemps que moi. Il avait déjà vécu cette situation avant notre rencontre. Mais ça n'a pas voulu dire que c'était plus facile : deux ados plus grands que les miens, autre mode de garde, autre situation familiale et autre vécu. Résultat : des incompréhensions de la part de tous les deux, comme, je pense, dans beaucoup de familles en recomposition. Je dis bien en recomposition, car avant d'être recomposée, ce n'est pas gagné et ce n'est pas pour tout de suite.

Adieu le fantasme de la famille parfaite qui se reconstruit en un tour de main sans anicroche et sans pétages de plomb. Que la famille recomposée parfaite me jette la première pierre.

Après des mois de cachotteries, j'ai dit la vérité aux enfants et ils ont très bien pris la nouvelle.
Que d'angoisse pour rien, finalement. De son côté, je lui ai dit que j'étais à prendre avec mes enfants ou rien du tout, et même pire, avec le chien. On s'est vus à quatre et ça s'est bien passé ; tout le monde s'est apprivoisé doucement. Même mon chien, un poil possessif avec moi, l'a laissé me prendre la main pendant les balades.

J'apprécie énormément les moments à quatre maintenant, mais j'ai eu beaucoup de mal à ne pas culpabiliser d'être une maman à cent pour cent. Quand on est amoureux, on est un peu moins parent et un peu plus un individu. Je veux bien que l'on rentre dans sa vie, mais j'ai beaucoup de mal à le faire rentrer dans la nôtre. Je n'ai pas envie qu'il chamboule nos habitudes et surtout qu'il me dise comment élever MES enfants. Comment énerver un parent solo ? Facile : lui dire comment il doit gérer SES enfants.

Sixième évidence : tu es le seul à gérer ta vie et tes enfants ! Donc, le premier qui te dit comment faire, tu l'envoies bouler… Pas de leçon à apprendre et à recevoir de quelqu'un qui n'a pas ton vécu.

Autre trace de l'effet parent solo, c'est la communication dans un couple : c'est une inconnue.

Si t'es solo, comme son nom l'indique, c'est que tu es seule, et donc tu ne te parles pas à toi-même pour savoir si tu as raison ou tort ! Enfin… normalement ! Quand arrive un nouvel amoureux et qu'il y a les enfants, il faut communiquer, et là, ça devient parfois compliqué. Tes enfants ont acquis des automatismes avec toi que l'autre ne comprend pas. Et malheur s'il a des règles que TU ne comprends pas.

La communication, je vous dis ! C'est juste vital pour éviter les clash, dixit l'experte en clash que je suis. On s'est séparés trois fois, dont deux fois à cause des enfants. Les siens, les miens.

C'est un point de discorde que tous les solos en « reformation de couple » comprendront. On ne touche pas aux enfants, sujet explosif, de la dynamite, de la nitroglycérine pour chaque dispute et qui peut faire tout péter en un instant. Il faut apprendre à gérer ses émotions. Et quand on est parent, ce qui touche le plus, ce sont les enfants.

Pour ma part, j'en suis là : maman solo de deux jeunes enfants officiellement en reconstruction de couple avec un papa de deux grands ados. Je ne connais pas la suite de notre histoire. J'espère qu'elle s'écrira dans un livre, mais pas un conte de fées, en plusieurs tomes. J'espère que mes enfants écriront une jolie suite à ce début d'histoire.

En attendant, aujourd'hui, je tourne une page.

Cela fera un an, jour pour jour, que je reconstruis une famille en étant toujours une maman, une maman solo, une maman amoureuse, une maman qui vit sa vie.

Quand l'autre rejoint les étoiles

Par Nathalie Sambat

La monoparentalité, c'est aussi des parents qui doivent faire face à l'impensable : le décès de l'autre. Il faut alors affronter une surcharge mentale et émotionnelle violente, que l'on ait eu le temps de s'y préparer ou non. Un groupe de parents veufs a eu la gentillesse de m'accueillir parmi eux pour les besoins de ce livre. Au-delà de la bienveillance et de l'entraide inconditionnelle que j'y ai trouvées, il y a surtout un grand besoin de parole autour de cette forme de parentalité à laquelle ils ont dû s'adapter et des multiples injustices auxquelles ils ont dû faire face. Il faut gérer son propre deuil, celui de ses enfants, les démarches administratives parfois absurdes, et apprendre à devenir un parent solo avec des spécificités particulières. La monoparentalité suite à la perte de son conjoint, en dépit de similitudes avec celle de parents divorcés, ouvre des problématiques différentes : l'impact psychologique sur les enfants, les conséquences financières, les démarches, la surcharge mentale sont d'une autre nature. Ils ont été nombreux à répondre à mon appel, à se livrer malgré les circonstances et je les en remercie toutes et tous. Une monoparentalité subie dont je vous livre ici quelques témoignages.

***

PATRICE

Ils sont si jeunes, il est si dévasté. Il y a la douleur, étouffante, les larmes, incessantes, la peur, saisissante, et cette envie de sombrer, puissante. Mais il y a aussi le fruit de leur amour, deux petits bonhommes de 8 et 5 ans qui viennent de perdre leur maman et pour lesquels il faut puiser au plus profond de soi le peu de ressources disponibles. Patrice a aujourd'hui 44 ans et est imprégné à jamais de ce drame survenu il y a 6 ans. Il faut d'abord tenter de survivre, puis apprendre à juste vivre moins mal. Le temps a fait son effet, l'errance s'est arrêtée, le deuil s'est fait lentement : pas une vie sans Elle, car c'est impossible, mais une vie où sa place est autre. Elle est là, dans la mémoire qu'il veille à ne pas salir, dans le souvenir qu'il s'évertue à entretenir, dans la famille qu'il tente aujourd'hui de recomposer auprès de son nouvel amour. Le chemin a été long et reste à jamais marqué par cette épreuve à laquelle personne ne se prépare.

De papa qui travaillait beaucoup, il bascule brutalement dans la monoparentalité, la gestion de ce décès et l'accompagnement de ses enfants orphelins. Des casquettes en plomb supplémentaires sur des épaules déjà si fragilisées. Et au milieu de ce chaos dans lequel il se débat autant qu'il le peut, il y a l'absurdité du système qui vient lui remettre la tête sous l'eau dès qu'il tente de remonter à la surface.

Il découvre que l'ensemble des comptes bancaires est bloqué le temps de la succession, mais doit payer les funérailles et un notaire pour débloquer tout cela. Des pressions et des inquiétudes absolument insupportables dans un moment pareil. Heureusement, il y a la famille pour l'aider à sortir de ce scénario kafkaïen.

Il doit répondre aux demandes des services du juge des tutelles qui surveille les comptes et s'assure que la part des enfants ne soit pas dilapidée. Une part de la maison qui leur revient doit être bloquée sur un compte. Si la demande est compréhensible, devoir se justifier le fait se sentir au banc des mauvais parents, une démarche injuste que les autres n'ont pas à subir. Pendant trois ans, il doit prouver que l'argent placé sur des comptes épargne au nom des garçons compense cette demande légale pour enfin recevoir une levée de surveillance. Tout doit se faire par courrier, car les rendez-vous sont réservés aux cas graves uniquement, comme si perdre sa femme, la mère de ses enfants, n'en était pas un ! Une rigidité administrative maladroite qui nécessite des bagages intellectuels, des réserves financières, du temps et de l'énergie et qui laisse un goût amer.

Pour ne plus penser, il veut reprendre son travail. Travailler est une nécessité absolue, mais en restauration, les horaires sont atypiques et les solutions de garde, inexistantes. Seule une garde des enfants à domicile est envisageable. Sauf qu'au-delà de 6 ans, il n'a droit à aucune aide financière pour la payer, comme si passé cet âge, des enfants pouvaient se garder tout seuls ! Alors, il compose avec un employeur très compréhensif et empathique qui lui propose un emploi du temps sur mesure à temps partiel, et des parents et des beaux-parents très présents. Un week-end sur deux, ses fils partent tantôt chez les uns, tantôt chez les autres. Un soir par semaine, ses beaux-parents viennent dormir chez lui pour garder les enfants. Il finit par trouver LA nounou idéale qui accepte ses conditions de garde un peu particulières, mais cela coûte cher. On l'oriente vers les chèques CESU qui ouvrent droit à un crédit d'impôt, mais il faut néanmoins avancer les fonds. Ce besoin vital de travailler pour sa survie lui coûte 500 € par mois. Il n'a d'autre choix que de piocher dans les économies pour pouvoir bosser.

Il doit justifier encore et toujours, même des années après, le décès de sa femme et prouver sans cesse qu'il est le père à la moindre de ses démarches administratives, même pour la simple transformation du livret des enfants en livret jeune.

Il dénonce avec force toute cette énergie demandée par certaines administrations dans des moments où il n'y en a que peu, et cette absence de réponses à des besoins pourtant évidents. Même si les personnes qui l'ont reçu ont fait preuve d'empathie et de compréhension, il n'a pas eu d'autre choix que de se plier à des démarches énergivores et absurdes.

Et lorsqu'enfin, il parvient à se reconstruire et à se projeter à nouveau en couple, il réalise que cela implique de renoncer à l'Allocation de Soutien de Famille par la CAF et, par conséquent, à une prime de parent isolé d'un autre organisme. Les parents divorcés ont droit à une pension alimentaire, pour les enfants ; les veufs, non. Refaire sa vie avec quelqu'un, c'est accepter que cette personne prenne en charge financièrement des enfants qui ne sont pas les siens, ainsi qu'une dépendance financière.

De ce parcours de papa solo, il garde le souvenir d'avoir à faire ses preuves encore plus que d'autres. Parce que c'est un homme et qu'il y a un risque qu'il fasse moins bien qu'une maman, mais aussi parce qu'il est veuf et donc plus fragile. Il sent les attentes des autres, s'épuise à essayer d'être parfait pour ne décevoir personne, l'être aimé parti trop tôt y compris, se met la pression et craque une première fois trois mois après la reprise du travail. Épuisé psychologiquement et physiquement, il doit apprendre à ne pas pouvoir tout faire, à être moins exigeant envers lui-même, à accepter d'être moins parfait sans que cela impacte ses enfants… C'est l'union de cette famille que le pire a soudé fortement qui l'aidera à surmonter ce burn-out.

Pour le quotidien, il y a cette voisine, devenue une sœur de cœur, qu'il peut déranger à n'importe quelle heure de la nuit parce qu'il ne sait pas ce qu'il doit faire face à une poussée de fièvre qui persiste, chez qui il peut trouver du pain le dimanche soir pour un pique-nique à l'école le lendemain dont les enfants ont oublié de parler, et qui, avec bienveillance, le guide sur ce nouveau rôle de papa-maman.

Et puis, il y a des urgences auxquelles on ne pense pas habituellement : puisque l'impensable s'est produit une fois, comment organiser le meilleur pour les enfants si cela se produisait à nouveau ? La mort de l'un renvoie à sa propre mort et oblige à gérer l'après-soi.

Aujourd'hui, les garçons vont bien et la vie a repris son cours auprès d'une compagne compréhensive, douce et aimante. Il ne travaillera plus jamais à temps plein, ses priorités ont changé. Les heures passées à faire des heures supplémentaires loin de sa femme et de ses enfants, pour quelques poignées d'euros, sont des heures qu'il ne pourra jamais récupérer. Il choisit aujourd'hui ses enfants, sa compagne, la vie… C'est le fruit d'un long travail sur soi : ne pas sombrer dans la folie, évacuer le chagrin, la colère, réapprendre à faire confiance à la vie, à rouvrir son cœur, à se réconcilier avec le bonheur… Demain n'existe pas encore.

Je vous invite à découvrir les textes magnifiques de Patrice :
http://silverwolf.over-blog.com/

***

ROSE

La vie de Rose bascule il y a un peu plus d'an. Elle a alors 37 ans, a repris ses études et est en couple depuis plus de dix ans lorsque l'envie d'un bébé se concrétise. À quatre mois et demi de grossesse, son compagnon est pris de douloureuses céphalées et le diagnostic tombe tel un coup de massue : glioblastome, une tumeur cérébrale dont l'issue ne laisse aucun doute. Elle sait ce jour-là qu'elle attend un orphelin, elle espère juste avoir le temps que cet enfant connaisse son père. Là où les futures mamans baignent dans le bonheur de ce moment magique à venir, elle, doit se préparer au pire et accompagner son homme sur ce chemin de douleur et de tristesse. La maladie provoque des troubles du langage, de la lecture, de la planification de tâches simples, mais n'atteint pas la conscience.

Lorsque le bébé apparaît, coïncidant avec l'arrêt du traitement lourd de radiothérapie, un long séjour en famille leur offre deux mois de bonheur presque « normal ». L'absence de logistique à gérer permet de mettre en sourdine la surcharge mentale des derniers mois. C'est une parenthèse hors du temps, avant que la tumeur ne métastase et provoque des douleurs aux membres. Cette dégradation physique nécessite une nouvelle réorganisation de vie. Elle gère seule à la maison les deux amours de sa vie qui hurlent : son fils parce qu'il a faim, son compagnon parce qu'il souffre. Il n'a jamais été hospitalisé autrement que de jour pour ses traitements mensuels de chimiothérapie et elle doit assurer son rôle de jeune maman en même temps que celui d'infirmière.

Il est difficile de donner une place à ce papa dont les nombreux troubles cognitifs et une perte importante de masse musculaire peuvent mettre en danger la vie de cet enfant. Pourtant, il est tout à fait conscient, et lui retirer ce rôle est une vraie torture. Il faut donc sans cesse jongler avec toutes ces variantes qui fluctuent au fil des heures. Une place en crèche est un véritable soulagement pour elle, mais un risque pour son compagnon : le bébé y contracte une bronchiolite alors que les défenses immunitaires du père chutent.

Le bébé a cinq mois lorsque son père, après une hospitalisation, puis un court séjour en centre de soins palliatifs, part sereinement pendant son sommeil. Le chagrin est là, immense, mais une forme de soulagement aussi : il ne souffre plus !

Le bébé se met à lui sourire dès cette entrée à l'hôpital, comme s'il trouvait une place après avoir ressenti ce drame pendant ce début de vie et rencontrait enfin sa maman. Elle doit trouver la force de construire cette nouvelle vie à deux pour cet enfant, mais c'est un exercice surhumain lorsque l'on est broyé par la douleur, dans la quête de reconstruction ou tout simplement dans la survie au quotidien. Aller bien pour que son fils aille bien est un combat de chaque instant. Tout lui manque : son compagnon, ce père pour son fils, sa vie d'avant… Le vide est immense.

Quand l'autre rejoint les étoiles

Ce veuvage à un âge où l'on n'est pas censé le vivre provoque beaucoup de bienveillance, de respect et de compassion. Un statut qui émeut autour d'elle. Elle est entourée par ses amis, très présents et très aidants. Ils étaient là pendant la maladie, et ils sont là après. Un soutien précieux, car côté familial, c'est plus compliqué pour assurer le relais dont elle aurait besoin pour souffler de temps en temps. Sa maman et ses beaux-parents sont âgés et submergés par le chagrin. Elle leur rend visite, mais ne laisse pas le bébé seul là-bas dans ce climat.

L'assurance contractée avec l'emprunt solde l'appartement et un contrat de prévoyance assure une rente à son fils, en plus de ses propres revenus. Il n'y a donc pas de pression financière à gérer. Si elle souhaite s'aérer et sortir un peu, elle n'hésite pas à solliciter les services d'une baby-sitter. Mais son grand besoin est de pouvoir souffler au moins une nuit complète ou un week-end de temps en temps. Côté famille, ce n'est pas encore envisageable…

Ses préoccupations se portent sur son propre testament, une urgence à définir le sort de son bébé au cas où… Ses amis sont sa famille de cœur et c'est à eux qu'elle pense pour un éventuel tutorat. Elle a entièrement confiance en eux pour former un conseil de famille et décider ensemble du meilleur endroit pour accueillir cet enfant en cas d'incapacité temporaire ou définitive de sa part. Elle fait en sorte qu'un lien se crée entre eux et son fils, même si le confinement a provisoirement cassé cette spirale qui se mettait en place. Elle couche leurs noms sur un testament, sachant pertinemment que c'est un document qui va vivre, qui va changer au fur et à mesure des événements et des rencontres.

Absorbée par la charge mentale au quotidien de sa vie, par le rythme et les habitudes autour de son fils, elle se questionne néanmoins beaucoup sur ce rôle à la fois de mère et de père qu'elle joue auprès de lui. Elle a besoin d'un regard extérieur pour la rassurer, la guider, mais de la part de quelqu'un qui serait légitime à le faire. Une personne qui aurait de l'expérience, du recul, des compétences. Les spécificités de sa situation sont entendues par les autres familles, mais lorsque les gens n'ont pas vécu une situation, ils ne peuvent pas profondément l'assimiler ou s'en souvenir. Une amie, par exemple, peut se plaindre d'être débordée avec son bébé parce que son mari est en déplacement. Le chemin est différent. C'est donc plus vers les professionnels qu'elle trouve cet effet miroir qui lui manque tant.

Aujourd'hui, elle se sent enfin prête à se remettre dans une dynamique de séduction. Un cap difficile à franchir que de se projeter dans d'autres bras qu'elle a enfin réussi à surmonter. Elle sait que maintenant, elle peut aller de l'avant aussi dans sa vie de femme. Même après que les flammes ont dévasté une forêt, avec le temps, les fleurs finissent par y repousser...

***

JULIE

Le VTT, c'était son sport. Il partait régulièrement s'aventurer sur son deux-roues sur les petits chemins de Bretagne aux abords de leur maison. Comme à son habitude, il ponctue son départ d'un « à tout à l'heure, chérie » à sa femme qui garde leurs deux petites filles de trois et six ans. Mais le temps passe et l'inquiétude grandit en ne le voyant pas revenir. Il est recherché pendant deux jours par la famille, les amis, beaucoup d'anonymes et les forces de l'ordre avec hélicoptère, drones, brigades cynophiles. C'est finalement une brigade nautique qui l'a retrouvé au fond de la rivière. Un accident de VTT met fin brutalement et violemment, il y a un mois seulement, à cette vie de famille heureuse.

Le traumatisme est grand pour Julie, qui fait une crise de tétanie sur les lieux de l'accident, et pour ses filles qui voyaient leur papa comme un héros. Un traitement médicamenteux est nécessaire pour empêcher cette maman de sombrer, et un suivi psychologique est mis en place pour les petites qui sont sous le choc. La mobilisation pour la soutenir est grande, ce drame a marqué beaucoup de monde. Et si la présence de la mort est très lourde au quotidien, il y a deux petites filles qui ont besoin d'elle.

La plus grande dort avec une chemise de son papa, pour avoir son odeur, dans le lit de sa maman. Elle a trop peur qu'il lui arrive quelque chose et ne veut pas s'éloigner. La plus petite est envahie par la colère et tient des propos d'une violence incroyable. Elle aurait préféré que cela arrive à sa mère plutôt qu'à son père. Des mots d'enfant compréhensibles qu'il faut néanmoins accueillir dans un moment où l'énergie n'est plus là...

Pour leur bien-être, elles ont repris l'école assez rapidement. Les directrices et les institutrices ont été prévenues et celles de la plus grande sont même venues à domicile pour préparer avec elle son retour. Elles envoient des photos à Julie des petites en train de jouer à la récréation pour la rassurer. Les filles ont des petites baisses de moral, des absences, mais elles trouvent une écoute bienveillante auprès des institutrices si besoin.

Julie essaie de ne pas trop changer leurs habitudes. Même si elle est submergée par le chagrin et par la peur de porter cette charge toute seule, elle tente de maintenir une vie aussi normale que possible à ses filles. Elle doit désormais faire face à une monoparentalité subie en plus de son deuil et de celui de ses enfants. La maison demande beaucoup d'entretien intérieur et extérieur, mais c'est LEUR maison, et affectivement, elle représente énormément. Elle a très peur de devoir quitter cet endroit où il est partout... La veille de l'accident, un voyage à Disneyland avait été évoqué. Les projets à venir, c'est de parvenir à faire les choses qu'ils avaient envisagées tous ensemble, enfin, dès que le déconfinement le permettra.

Le frère de Julie et les amis sont très présents pour répondre aux besoins de contacts masculins des filles. Elles aiment chahuter, une activité qu'elles partageaient habituellement avec leur papa. Julie sent qu'elle doit rassurer ses enfants en prouvant qu'elle sait faire ce que son époux faisait. Alors elle jardine, elle bricole, elle termine certains travaux. Une casquette bien lourde à porter, mais nécessaire pour éloigner leurs angoisses et s'occuper la tête.

Les deux familles, la sienne et celle de son mari, sont très soudées, très présentes. Elles la soutiennent à tous les niveaux, y compris matériellement, le temps que toute la partie administrative soit réglée. Si l'assurance prend en charge les échéances de la maison, il y a beaucoup de formalités à remplir à cause du caractère accidentel de sa disparition. Les attestations à fournir aux différents organismes faisant apparaître le mot « cadavre » sont d'une violence extrême.

Une question essentielle la hante : quelles dispositions prendre pour ses filles si jamais il lui arrivait la même chose ?

Le drame est récent et seul le temps pourra venir apaiser toute cette douleur. Il y a tant d'amour dans cette maison, tant de soutien et de bienveillance autour d'eux, que ce nouveau chemin qui s'ouvre à elles finira par retrouver la lumière.

Papa Parloir

Par Martial Bessou

Demain est un grand jour, car c'est jeudi, jour de parloir. Alors recommence l'attente, et je ne sais plus comment tuer les heures qui me séparent de leur venue. Mon fils a bientôt quatre ans et il ne m'a connu que dans cet endroit. Quelle image lui laisserai-je ? Quel traumatisme gardera-t-il de ces moments ?

Car il suffit de mettre les pieds dans cet enfer une seule fois pour comprendre et ressentir à quel point la noirceur de ces lieux vous imprègne. La raison de mon passage ici, pour les curieux que cela intéresse, fut de m'être fait arrêter en Belgique avec quelques kilos de résine. Ce fut une manière qu'a la vie de vous enseigner l'humilité et la patience. Je n'avais rien à dire pour ma défense et je n'eus même pas besoin d'avocat pour plaider coupable, mille fois coupable, juste avec quelques circonstances atténuantes d'orphelin malmené par les turpitudes de la DDASS, de ses foyers et de ses familles d'accueil. J'ai longtemps refusé qu'elle me l'amène. Elle, c'est Audrey, sa mère, mon poison, ma tempête, mais aussi et surtout mon unique raison de vivre.

Je ne peux pas lui en vouloir de ne pas m'avoir attendu, même si je la maudis aussi, car elle n'aura pas tenu sa promesse. Puisque quatre-vingt-quinze pour cent des couples ne résistent pas à l'épreuve d'une incarcération, surtout lorsque celle-ci doit durer cinq ans. Je peux difficilement lui reprocher de ne pas être l'exception qui confirme la règle. J'ai toujours été un grand naïf, et pourtant, ce n'est pas faute d'avoir été prévenu ! J'ai eu tellement d'exemples devant mes yeux.

Être prisonnier, c'est renoncer, car c'est être privé d'une partie de ses sens et n'apercevoir aucun HORIZON, ni ciel bleu ni arbres, et n'avoir en guise d'animaux de compagnie que des bêtes en cage prêtes à mordre à la moindre occasion. C'est surtout être privé de tous les liens sociaux, amoureux ou amicaux.

C'est enfin être assujetti au bon vouloir de vos gardiens qui vous privent de toute initiative, apprendre à se taire et à obéir aveuglément. C'est faire face sans cesse au chantage. Cela peut devenir un jeu, mais les règles sont fixées : il y a des chats et vous resterez une souris. Et perdre espoir, c'est quelque chose que je n'ai jamais su faire. J'en ai vu, pourtant, des mecs revenir des parloirs complètement blêmes, avec juste quelques mots, quelques paroles comme une esquille dans la bouche. Et pourtant, elle m'a quitté. Elle s'en est trouvé un autre. C'est fou la capacité qu'a l'être humain à se bercer d'illusions. Nous avons l'art et la manière de nous raconter des histoires et, dans cette armée de fabulistes et d'affabulateurs, je ne suis pas sorti du lot : j'ai attendu. J'ai pris un ticket pour être bien sûr de ne pas rater mon tour. Puis mon tour est venu et le diable a pris la forme d'une lettre. Quelques mots déjà lus. Mille signes avant-coureurs auraient dû me mettre la puce à l'oreille. Comme la prison se trouve à deux cents kilomètres, elle ratait de plus en plus souvent son train. Petit à petit, inexorablement, ces lettres s'espacèrent. Je ne voulais rien voir et je lui trouvais mille excuses. Quand on a dix-huit ans, c'est une éternité cinq ans sans une caresse !

Mais je ne peux en vouloir à la mère de mon fils de lui avoir trouvé un beau-père. J'aurais voulu l'apprendre autrement que par un courrier laconique qu'un autre avait lu avant moi.

Et maintenant, que faire de cette question : comment me comporter avec cet homme ? Comment l'accueillir ? Dans ma position, il est ardu d'émettre des exigences. Alors, malgré ma fureur et mon infinie tristesse, je me suis décidé à lui laisser une chance, car qui suis-je pour la lui refuser ? Je devais penser à mon fils, cet enfant de l'amour, que j'aurai à peine eu le temps de voir naître. Toute autre considération que son bien-être aurait été de ma part le pire des crimes.

Papa Parloir

Ce gars-là s'appelait Stéphane, il avait vingt ans et j'avais le même âge que lui. Pourtant, ma première réaction à sa vue fut de me dire : « Il est trop jeune, il ne connaît rien à la vie et ses épaules sont bien trop frêles. » Mon fils est autiste, il ne sait dire que deux mots : papa parloir. Deux mots qu'il répète comme un mantra au point d'insupporter sa mère. Est-ce qu'il saura faire la distinction entre un père et un beau-père ? Pourquoi lui infliger cela ? Pourquoi ne pourrais-je pas tout simplement m'effacer, m'évanouir, devenir un vieux souvenir, disparaître ?

Ils sont venus me voir la première fois sans mon fils. Sûrement Audrey avait-elle peur que je fasse un esclandre et que je m'énerve. Ces trois quarts d'heure furent et resteront pour moi le pire de mes supplices. C'était comme une condamnation à une mort qui ne dit pas son nom, une mort à petit feu. J'aurais aimé que cet homme me montre qu'il était quelqu'un de bien. Le genre de personne sur laquelle un enfant aussi fragile puisse se reposer. Mais il manquait de tout : aucune personnalité, aucune répartie, une girouette qui se contente de suivre la direction du vent. Il a passé cette petite heure les yeux fixés sur ses chaussures. À aucun moment son regard n'a voulu croiser le mien. Il n'a répondu à aucune des questions que je lui ai posées. Même sur les plus simples, il s'échappait.

Il ne semblait même pas reconnaissant du fait que sa dulcinée, son bel amour, aurait pu se trouver elle aussi derrière les barreaux. Il ne semblait même pas se douter de la pression presque inhumaine que j'ai subie pour qu'aux gendarmes je ne dise pas son nom. Car ils auraient vendu leurs mères pour que je la dénonce. Mais je n'ai jamais été partisan d'entraîner les autres dans ma chute, aussi vertigineuse soit-elle. J'ai compris immédiatement que nos rapports allaient être compliqués. Il était fuyant comme un serpent, et je ne savais pas trop quand ni comment son venin finirait par me tuer.

Le jeudi d'après, mon fils était là, près de sa mère amoureuse, et à côté de cet homme, et il n'était pas comme d'habitude. Je le sentais triste, plus replié sur lui-même que jamais, et il me sera ce jour-là impossible de percer sa carapace. Pour la première fois, sa mère met ça sur le dos de mon incarcération, me disant qu'il irait voir un pédopsychiatre. Elle sait pourtant à quel point je hais cette engeance et leur vision freudienne d'un monde désolé. Mais sa décision était prise et nous avions franchi un nouveau palier : je n'avais plus voix au chapitre. Par la même occasion, elle m'annonça avoir entamé des démarches pour que l'on me retire toute autorité parentale et me demanda de bien vouloir signer quelques papiers pour lui faciliter les choses. La guerre de larvée devenait ouverte et déclarée, mais je ne lui pardonnerai jamais d'avoir utilisé mon fils comme un bouclier.

Ce jour-là, je suis mort une fois de plus, mais elle n'aurait jamais dû douter de ma capacité à ressusciter. À compter de ce jour, je n'eus plus de ses nouvelles, ni de celles de mon ange. Tout ce qu'il me restait d'énergie, chaque minute, chaque seconde que je vivais, transpirait une haine crasse. Mon être tout entier aspirait à la vengeance. Il y eut un élément de plus qui attisa cette colère, car « mon » Stéphane, le beau-père de mon fils, était connu de certains de mes codétenus et ce que j'entendis me fit frémir. Il avait la réputation d'être un petit revendeur de coke à la sauvette, et surtout, on m'apporta la preuve noir sur blanc que c'était une donneuse qui n'hésitait pas à balancer des noms pour protéger son petit réseau de petits clampins. C'était comme on dit une balance, qui ne voyait pas plus loin que le bout de son nez.

Je continuais quand même d'envoyer à Audrey des lettres la suppliant d'ouvrir les yeux. Enfin, merde ! Ce mec-là était blanc comme neige aux yeux de la justice, et pourtant, son nom apparaissait dans plusieurs dépositions. Je commençais à craindre pour sa sécurité et surtout pour celle de mon fils, car je sais pertinemment de quoi certains sont capables lorsqu'il est question d'honneur. Beaucoup sont prêts à tuer si vous osez un tant soit peu froisser leur égo, alors les envoyer à l'abattoir, cela devient une autre histoire, car ils vous tuent, mais avec la manière.

Bien sûr, mes suppliques restèrent lettre morte et mon fils continua de grandir au côté d'un faux saint en guise de beau-père. De mon trou, je ne pouvais rien faire. Cela me rendait si fou que je n'étais plus moi-même. Mon quotidien était fait de haine et de violence, moi qui abhorrais cela, trouvant que c'était une arme de faible. Et pourtant, c'était celle que j'utilisais pour exorciser ma colère : je cherchais la confrontation simple et brutale et j'étais servi bien au-delà de mes envies. Mais tout, absolument tout a une fin, et les secondes succédant aux secondes, je commençais à entrevoir au loin une libération.

Un jour, alors qu'il ne me restait plus que trois mois à tirer, une chose inhabituelle et inespérée m'attendait, posée là, sur le lit de ma cellule. C'était une lettre d'Audrey qui ne m'avait plus fait signe depuis quatre-cent-vingt-deux jours. Quelle catastrophe allait-elle m'annoncer ? Je n'osais l'imaginer ! À tel point qu'il me fallut quatre jours, malgré les encouragements de mon coloc, pour décacheter cette lettre qui n'augurait rien de bon. Mais je m'y décidai finalement, car il n'y a pas plus profond que le fond et je n'allais pas être déçu. À ma grande stupéfaction, sa lettre était comme un appel au secours. Elle me présenta mielleusement ses excuses, reconnaissant s'être mal comportée et m'avoir trahie. Son beau Stéphane l'avait quittée pour se mettre en ménage avec sa petite sœur, ce qui ne m'étonna qu'à moitié. Elle me dit aussi que cet homme-là était violent et qu'elle avait retrouvé plusieurs fois notre enfant couvert de bleus et de marques suspectes. Bien évidemment, elle n'avait pas osé porter plainte contre cette pourriture, lui laissant le bénéfice du doute.

Elle poussa le bouchon jusqu'à me demander de lui laisser une chance, car, me disait-elle, elle n'avait jamais aimé que moi. Elle m'écrivait aussi que ma place était près d'elle et de notre fils. Je dois dire que j'étais bien embarrassé, mais je n'eus même pas à réfléchir pour prendre une décision : la sagesse me conseilla de passer à autre chose. Je n'étais sûr que d'une chose, c'est que notre relation était morte et enterrée et qu'elle avait elle-même creusé la tombe. Il était bien trop tard pour m'envoyer des fleurs.

Il y eut encore quelques jeudis, et puis, un beau jour, je suis sorti comme j'étais venu. Sauf que j'avais vieilli d'un siècle. Dès lors, il y eut plusieurs phases qui avaient toutes la même et l'unique nécessité. Dans un premier temps, celle de reprendre d'une manière ou d'une autre le contact avec mon fils : le revoir, même quelques minutes et quel qu'en soit le prix à payer. Bien que mon orgueil d'homme et de père fût blessé, ce fut comme une remontée à la surface, en paliers délicats.

Cette première phrase atteinte, j'entamai la suivante qui prit la forme d'une longue bataille juridique. Il me fallut dans un premier temps convaincre le juge des enfants de ma capacité à être un bon père. Il me reçut deux fois seul, puis en présence de mon fils. Comme un dernier voyage au fond de moi-même, j'ai utilisé des ressources inconnues et j'ai fait preuve d'une grande patience. Je reprenais goût au combat de cette belle et juste cause avec une certaine sérénité apparente. Je n'eus droit dans un premier temps qu'à de sporadiques visites dont mon fils ressortait vide et épuisé, car nous avions besoin d'un minimum d'intimité. Or, nous étions constamment en présence d'un éducateur qui se contentait d'observer sans jamais intervenir. J'avais beau savoir que cette situation était provisoire, au fond de moi, je me sentais humilié et offensé. Il commençait cependant à sortir de son mutisme et il développa par la même occasion d'étonnantes capacités, particulièrement en dessin pour lequel il se prit de passion. Lui donner des crayons de couleur, des feuilles était le seul moyen d'apaiser ses colères et, grâce à ce biais-là, nous pûmes devenir de plus en plus complices.

C'est lors de ces moments-là que je vis cet enfant, que tous qualifiaient de triste, rire aux éclats. Si je devais définir la magie, je choisirais cette image : mon fils dessinant mon portrait sur une feuille tout en semblant guetter mon approbation. C'est la première activité pour laquelle il montra un intérêt certain, et grâce à cela, nous devenions plus complices, établissant peut-être pour la première fois une vraie relation père-fils. Nous parvenions de ce fait à faire abstraction de cette présence constante autour de nous. Cela m'encouragea, me redonna l'espoir.

Entre-temps, il y eut un autre beau-père pour mon fils. Ce fut une bonne chose, car c'était un être simple et raisonnable. Je me suis bien entendu avec lui. Aujourd'hui encore, je ne mesure certainement pas précisément l'importance de ce beau-père, car je n'étais pas là tout le temps, mais mon fils avait ce besoin d'une présence permanente. Je ne le remercierai jamais pour cela, car le comportement de mon fils changea du tout au tout. Ses crises de colère s'espacèrent jusqu'à disparaître tout à fait. On m'accorda au bout d'un an le droit de le garder tout seul un jour, puis rapidement un week-end tous les quinze jours, pour finalement pouvoir le garder des semaines entières lors des vacances scolaires.

Il est dur de réapprendre à vivre en homme libre, c'est un long et douloureux processus. Mon fils est grand, désormais. Il a eu d'autres beaux-pères qui ont eu le mérite d'être bienveillants avec lui. Il a aussi eu une belle-mère, puis une autre, mais cela fut compliqué pour tout le monde. Peut-être étaient-elles trop jeunes et surtout trop immatures pour s'occuper d'un enfant trop atypique ? Aussi, je ne pourrais le leur reprocher. Ces relations furent de courte durée, trop courtes pour qu'elles puissent avoir une quelconque influence sur notre relation père-fils.

Il est sorti lentement de son mutisme. Il n'était plus question de papa parloir, mais simplement de papa tout court, et je pense que le traumatisme de ces années dû à mon absence s'effaça de son esprit. Quant à moi, je ne prétends pas avoir été un modèle, mais je sais qu'aux yeux d'un enfant, seule compte l'intensité de l'amour que vous lui portez. Et sur ce point, je sais n'avoir rien à apprendre de quiconque.

Quant à Stéphane, la vie a dû lui enseigner que lorsque l'on joue avec le feu, il faut accepter de se brûler, même si je sais qu'il fait partie de ces gens qui restent, quoi qu'il arrive, hermétiques à toute forme d'apprentissage. Il purge aujourd'hui une peine de vingt ans pour un crime immonde et innommable, mais c'est une autre histoire.

Nous devrions considérer les enfants comme étant le bien le plus précieux. Ils sont l'innocence incarnée, et lorsqu'ils viennent au monde, il est de notre responsabilité de leur apporter tout notre amour. Bien sûr, nous sommes humains et nous chutons, nous nous relevons, nous faisons des erreurs malgré toute notre bonne volonté. Alors ce n'est pas grand-chose, mais c'est la moindre des choses que de leur demander et de leur dire humblement, parce que tous les enfants ont un jour besoin de l'entendre : « Mon fils, je t'aime et j'ai failli. Puisses-tu jamais me pardonner... »

Maman Papa Salope

Chroniques d'une mère seule dans les années 90

Par Oriane de Virseen

Marianne est assise sur le sol de la petite cuisine d'un appartement relativement délabré quelque part dans la Nièvre. Abasourdie, elle essaie de ramasser dans sa tête les morceaux du puzzle qui a volé en éclats, éparpillé dans tous les sens depuis que la porte a claqué. Alors c'est ça ? Ça peut arriver, ça peut m'arriver ? C'est comme une douche glacée qu'on n'a pas senti venir.

Ce matin, Alain est parti. Avec ses affaires. Sans un mot, sans une explication, sans même une dispute prémonitoire.

La violence sous quelque forme que ce soit ne surprenait plus Marianne, qui partageait depuis plusieurs années la vie de cet homme plus âgé qu'elle. Il y a quelques semaines, il l'avait enfermée dans l'appartement, avec leur fils d'un an, Cédric. Il y avait ses coups de gueule parfois. Il y a eu cet épisode où Alain a forcé Marianne à regarder avec lui une vidéocassette pornographique, lui intimant de « faire pareil ». Mais ce départ soudain a le goût d'une violence particulière et inconnue.

Les pièces du puzzle ne reconstituent pas une image claire, elles restent dispersées dans les pensées embrumées de Marianne, mais des étapes et des événements lui viennent à l'esprit, lui sautent à la tête, comme les scènes d'un mauvais film.

Paris, huit mois plus tôt : Alain et Marianne travaillent dans un snack couplé à un club de sport, et ils gagnent très bien leur vie. Le gérant du club de sport, voyant le chiffre augmenter, les vire, pour garder la mine d'or dans ses poches. Alain achète un restaurant.

D'où vient cet argent, déjà ? Marianne ne saurait le dire. Elle a 25 ans, n'a pas fait d'études, ne calcule rien et profite. Il y a des questions qu'elle ne s'est pas posées, parce qu'elle n'a jamais calculé les dépenses tant que leurs affaires marchaient bien. Tout comme elle ne s'est pas demandé pourquoi, du jour au lendemain, Alain a laissé le restaurant et les travaux tout juste débutés pour quitter Paris avec elle et leur fils. Direction la Nièvre. Brutal changement de vie, mais quand on aime, on suit.

Quand on aime, on se tait. Quand on aime, on évite de trop réfléchir. Quinze ou vingt ans plus tard, elle penchera pour une histoire de mafia ou de trafic louche dont elle n'avait pas voulu voir le moindre indice, préférant jouir du confort matériel sans penser à la réalité délinquante qui l'alimentait sans doute.

Ce matin d'été, Alain s'est barré avec une autre femme, en fait. Marianne le découvrira peu de temps après. Elle se sent d'abord abandonnée, purement et simplement, puis un sentiment de trahison viendra se greffer par-dessus. Abandonnée pour une autre. Pas le temps de pleurer, il faut manger et se chauffer.

Marianne vit de petits boulots pour nourrir son fils, payer une nourrice, le loyer et les factures ; elle peine, mais elle est jeune et pleine de vie. Elle encaisse l'événement malgré tout.

Six mois après cet abandon, c'est Noël. Alain se pointe à l'appartement qu'il a déserté pour partir vivre chez une autre. Il a un cadeau pour son fils. Marianne le regarde, elle n'a pas de mots. Comment ose-t-il ? Que veut-il, s'acheter une bonne conscience de géniteur ? Renouer ? La plaie de l'abandon-trahison est encaissée en surface, mais encore à vif dans le fond de son cœur, et Marianne lui claque la porte au nez. Un geste d'affirmation à double tranchant. Elle est seule désormais avec son fils, elle ne sait pas encore à quel point.

**

L'année qui suit est jalonnée d'épisodes divers, de postes précaires, d'angoisses financières. Marianne est à plus de 300 km de ses parents, à qui elle ne veut de toute façon demander aucune aide. Elle avait été celle qui part un matin de chez ses parents, en claquant la porte de surcroît. Ils ne comprenaient pas qui elle était, cette ado de 17 ans qui s'ennuyait à l'école, rêvait de devenir bergère, adorait les chevaux. Son père avait un jour joué une farce cruelle à sa fille. L'amenant dans un haras où, de mèche avec le gérant, il l'avait laissée s'occuper d'un cheval durant des semaines, avant de la laisser découvrir un beau matin que ledit cheval qu'elle avait soigné, monté à cru, aimé et bichonné, était parti pour la boucherie. Histoire de bien la dégoûter de cette activité non lucrative, ce n'était pas un avenir, voyons. Marianne la sensible, Marianne la pure, ne s'était jamais remise de ce deuil violent imposé par une maladresse paternelle sadique.

**

Déjà un an que le père de Cédric a disparu de leur vie. Marianne a rencontré un autre homme, chez qui elle s'est installée durant quelques mois, mais cet homme ne s'occupe pas du tout du bambin, et Marianne doit gérer l'organisation et les responsabilités parentales tout en travaillant avec cet homme sur qui elle ne peut pas vraiment compter… Les sentiments n'étant pas très forts de son côté, elle le quitte. Marianne a-t-elle le luxe de s'offrir des sentiments, de toute façon ? Aimer un homme, ça peut être dangereux, il pourrait lui rejouer la scène de l'abandon... Autant prendre les devants, surtout quand on n'est pas très attachée.

Elle se rend compte rapidement qu'en prenant des « petits boulots » à temps partiel (elle prend tout ce qu'elle trouve), elle perd de l'argent. D'un côté, son désir d'autonomie, la fierté du travail, de l'autre, les impératifs financiers... Quand elle ne travaille pas, elle reçoit des aides pour son loyer. Dès qu'elle a un travail, elle perd des aides que ses salaires ne suffisent pas à égaler. Bon sang, que le système est mal fait ! À croire qu'« on » l'encourage à rester dépendante des aides de l'État !

Quand elle travaille, elle doit être tous les jours opérationnelle, ne pouvant se permettre ni migraine ni fatigue. Quand elle travaille, elle est encore plus seule, ne pouvant compter sur personne, pas même l'État. Pourtant, elle travaille. Coup de pouce du destin : une tante lui donne sa petite voiture, une Autobianchi blanche qui devient sa meilleure amie. Elle lui permet de déposer son fils chez la nounou le matin vers 7 h avant d'aller travailler dans une usine de pièces de vélo. C'est sa première voiture à elle, et si elle n'est pas neuve, elle a l'avantage de ne pas tomber en panne. De toute façon, toute panne serait inconcevable : Marianne n'a pas de quoi payer la moindre réparation. C'est stressant, trop stressant, alors Marianne préfère ne pas y penser.

Elle a obtenu une place dans un HLM. C'est mieux que rien. Mais elle repense que deux ans plus tôt, elle vivait dans un grand appartement parisien dont elle avait refait la décoration sans compter la moindre centaine de francs. Aujourd'hui, Marianne fait quatre enveloppes d'argent liquide par mois :

une fois qu'elle a payé les charges fixes, elle divise en quatre l'argent qu'il lui reste pour les courses. Elle compte chaque centime. Quand une enveloppe contient cinquante francs, elle sait qu'elle ne pourra pas en dépenser cinquante et un. Elle fait ses courses une calculette à la main, avec rage parfois, avec une triste résignation le plus souvent. Comme quand elle avait accepté que son cheval parte à la boucherie, sans montrer à son père combien cette nouvelle l'avait affectée. Elle ne montre à personne, pas même à elle-même, à quel point ces restrictions financières la blessent, la heurtent, l'enragent. Elle baisse la tête, Marianne, pour foncer et ne pas avoir l'impression de se soumettre à la dureté de sa vie.

Mais parfois, elle annonce à son petit Cédric : « Ce soir, c'est la fête, maman ne cuisine pas, on mange des céréales ! » Le jeune garçon lui sourit et se réjouit du menu spécial. Il lui avouera plus tard qu'à 5 ans, il avait déjà compris que les céréales au menu, c'étaient les jours où l'enveloppe de la semaine était tellement vide que même un paquet de nouilles n'était pas à leur portée.

***

Marianne se désole de voir son fils grandir sans figure paternelle. Elle pleure le soir, quand elle a dû réprimander son fils pour une bêtise, une chambre trop mal rangée, un coup de pied à un copain dans la cour d'école rapporté par la maîtresse. Elle aimerait être celle qui réconforte et soutient l'autorité sans avoir à porter la charge tout entière de cette autorité. Mais il n'y a pas de papa, pas de deuxième personne, pas d'ami ou d'amie pour jouer ce rôle au quotidien. Marianne porte toutes les casquettes : jeux et autorité, routine et moments de joie, câlins et punitions.

Par Oriane de Virseen

C'est beaucoup pour une jeune femme, mais son statut de mère célibataire lui impose de répondre aux besoins éducatifs et à toute la gamme de leurs tableaux. Elle est tout et fait tout à la fois : maman, papa, pourvoyeuse, infirmière, le réconfort, les câlins, la cuisine, les devoirs, le linge, les courses… Elle a oublié depuis longtemps la définition des verbes « déléguer » et « se reposer » (sur, ou tout court). Il faut savoir dire « oui », savoir quand dire « non », faire les bons choix éducatifs 365 jours par an, pas le droit à l'erreur, pas le droit à la migraine parce qu'un jour chômé serait une catastrophe pour le budget, courir, ramer, pousser, se pousser, le pousser, cet enfant qui, comme tous les enfants, a besoin qu'on le pousse parfois. Mais Cédric a compris que ça faisait beaucoup pour sa maman. « C'est un enfant facile. » Un jeune garçon responsabilisé tôt, qui doit prendre une place qui n'est pas celle qu'il aurait voulue, probablement.

C'est important de pouvoir faire des caprices. Mais quand on voit maman trimer, courir partout pour ne pas manger des céréales tous les soirs, peut-on se permettre, même à 6 ans, de faire un caprice ?

Pour Marianne, il est inconcevable qu'un enfant puisse se construire sans père. Elle s'amourache alors d'hommes de passage, espérant en garder un en regard duquel Cédric pourra construire son identité de garçon. Mais les hommes qu'elle rencontre s'intéressent bien davantage à son joli corps et son beau visage qu'à son fils. Et même si elle trouve dans leurs bras éphémères une affection relative et un peu de la tendresse qui lui manquent tant, cela ne remplit pas la case « père-pour-mon-fils ».

Alors Marianne rencontre encore d'autres hommes, et l'un suivant l'autre dans sa quête du partenaire non pas idéal mais paternel (pour qui, dans le fond ?), elle finit par se tailler une réputation de salope. Dans le quartier, les mères de famille dans la trentaine voient d'un très mauvais œil cette jolie brune dans la mi-vingtaine qui attire les regards d'hommes qui pourraient bien être leur mari à elles. Marianne séduit facilement, pas pour le plaisir de séduire, mais dans l'urgence d'une sécurité. Mais ça, personne ne le voit. Personne ne peut le comprendre. Les femmes autour d'elle ne la voient que comme un objet d'adultère ambulant.

Marianne a grandi dans une famille où chaque femme dépendait de son mari. Le schéma du mari pourvoyeur et de la femme au foyer semble incrusté dans ses gènes. Encore plus celui du père présent auprès de ses enfants. Même si le père en question est un sale con, en ce qui la concerne. Un homme, un homme… sur qui elle pourrait se reposer, qu'elle pourrait aimer, mais sa priorité, c'est le modèle masculin pour son fils, et un protecteur potentiel, au cas où Alain referait surface avec sa violence.

Marianne dira bien plus tard que son désir de rencontrer un homme à cette époque se basait trop sur des besoins utilitaires et pas assez sur une réelle envie de relation, mais qu'à l'époque, en mode « survie » et sans amis pour en parler, elle ne pouvait pas en prendre conscience.

Mis à part les hommes de passage, sa vie sociale est inexistante. Une salope est toujours une paria…

***

Cédric ayant grandi, Marianne peut parfois s'octroyer le plaisir d'une sortie avec une copine récente, plus âgée qu'elle, qui, célibataire également, n'a pas eu peur de la concurrence. Par l'intermédiaire de Julie, Marianne rencontre Michel, un quarantenaire frisé, petit et rondouillard bardé de fric et de diplômes, seul, très seul dans sa grande maison aux baies vitrées donnant sur une prairie où ses chevaux contemplent la campagne nivernaise.

Pour Michel, c'est le coup de foudre. Il propose à Marianne de venir s'installer chez lui avec Cédric :
— Je ne rentrerai que les week-ends, je paierai tout, pour toi et ton fils. Tu es chez toi.

Quand on galère depuis des années pour nourrir un fils qui manque de père, cette proposition peut sembler acceptable, raisonnable, tentante. Si seulement Michel lui plaisait ! Mais le courant ne passe pas du tout, et malgré une tentative d'intimité, Marianne sent bien qu'elle ne serait que dans l'utilitaire, la consommation, et la prostitution en acceptant le deal. Marianne ne ressent aucune attirance pour cet homme (trop ?) gentil. Elle se demande quand même pourquoi elle a été attirée par des hommes qu'elle ne pouvait pas avoir et n'est aucunement attirée par cet homme qui se donne à elle, corps et biens. Mais elle ne trouve pas de réponse. Ça ne passe pas, c'est tout.

Entre la solitude extrême de la débrouillardise à coup de plans B et la vie trop facile d'une petite bourgeoise aisée, il doit bien y avoir un juste milieu, non ? Marianne a l'impression de savoir ce qu'elle veut : elle n'aspire pas à une relation amoureuse idéale, mais dotée des minima acceptables en termes d'affection, d'attirance, de sexualité. Elle veut un homme « fort », qui puisse offrir un mur masculin à son fils. Un homme bon, pour elle et pour son fils. Elle ne trouve pas. Michel ne lui plaît pas du tout, non, décidément, il a beaucoup de qualités, mais il manque l'attirance de base. Elle ne peut pas, elle ne pourra pas, même si cela lui offrait à coup sûr l'apaisement des soucis financiers.

***

Cédric a 10 ans. Marianne en a marre de sa vie telle qu'elle est, de la solitude, du quotidien. Elle est encore jeune. Elle plaque tout dans la Nièvre et se rapproche de son frère qui vit en Ardèche. C'est une période plus légère qui s'amorce pour elle. Des soirées entre copains grâce aux connaissances de son frère, un cercle qui se forme, des amies, enfin... Ça fait du bien. La jeune femme se sent revivre. Elle rit, elle parle, elle partage. Elle goûte, pour la première fois depuis longtemps, à une certaine insouciance de jeunesse plus en rapport avec son âge. Pourtant, le souci financier est toujours d'actualité, il ne la lâche pas, ne lui laisse aucun répit, comme la démangeaison permanente d'une plaie infectée. Douleur presque physique. L'angoisse du lendemain, des « et si ? », de l'incertitude et des « au cas où »...

Les soirées sont arrosées et amusantes, mais la démangeaison reprend de plus belle au réveil.

Dans le petit cercle de relations, elle s'éprend d'un homme sympathique et complexé, qu'elle tirera vers le haut : ensemble, ils achètent une maison. David est davantage un copain qu'un père pour Cédric, mais durant trois ans, le petit trio fonctionne à peu près. Jusqu'à ce que Marianne ne se sente plus vraiment bien. David est déjà marié, en fait... avec sa mère. Il est sous sa coupe, ne décide rien sans la consulter et la laisse le rabaisser. Marianne n'a pas l'impression d'être face à un homme, mais face à un ado attardé, gentil et sensuel, mais sans colonne vertébrale. Le quotidien devient trop lourd, la vie sans passion, sans force pour la porter au-delà de ce qu'elle connaît déjà : travail, routine, s'occuper de tous et de tout. Marianne est déçue. Elle largue son amoureux et leur maison, prend son fils et s'en va. Au moins, cette liberté-là lui est acquise. Encore et toujours.

C'est alors que deux propositions de travail se présentent à la belle trentenaire.

La première est un SMIC de 35 h par semaine, sans passion et sans espoir d'ambitions, quelles qu'elles soient. Stable, sûr, un petit boulot fixe.

La seconde proposition est une surprise, mais Marianne a passé les tests avec brio pour prétendre à un poste de directrice de magasin. Meilleur salaire, évidemment, mais aussi 45 h par semaine et travail 6 jours sur 7.

Marianne choisit la première option, pour son fils. Pour pouvoir s'occuper de lui, passer du temps avec lui, l'éduquer, l'aimer, le protéger, le voir grandir parce qu'il est encore jeune. À ses yeux, il est inconcevable qu'une mère puisse préférer argent ou statut social au temps passé auprès de son enfant. A-t-elle peur du sentiment de solitude chez son fils, ou chez elle ? Se sentirait-elle trop seule si elle passait moins de temps avec lui ? Marianne balaie les questions hors de sa tête.

S'il y avait eu une figure paternelle dans le décor, elle aurait choisi la seconde option : il y aurait eu une deuxième personne pour Cédric, tout n'aurait pas reposé sur ses épaules à elle en plus de la charge du travail. Mais la réalité du célibat lui impose de choisir son fils plutôt que son avenir professionnel. C'est comme ça. Ça ne l'arrange pas, ou alors l'autre option l'arrangerait un peu trop pour laisser sa conscience de mère tranquille... Marianne signe son CDI de 35 h semaine, au SMIC.

Maman Papa Salope

***

Cédric se réveille plein d'énergie malgré une journée très chargée la veille. Il a encore fini un chantier dans les temps, n'aura pas volé son salaire et sa petite prime. Et bientôt, il sera son propre patron. Son diplôme d'architecte en poche, il va pouvoir voler de ses propres ailes et gagner sa vie correctement. À 28 ans, sa vie commence. Il est amoureux de sa copine, mais ne veut pas avoir d'enfant. Priorité au travail, à la vie de couple, au sport et aux soirées entre amis. Une fois son petit-déjeuner avalé en vitesse, il part en direction de l'entreprise qui l'emploie pour commencer une des dernières journées qu'il y passera, contraignantes, mais dont le sens permet de supporter la contrainte.

Marianne se réveille fatiguée. La veille, elle s'est couchée tôt, épuisée. La migraine qui ne la lâche plus depuis huit jours l'inquiète, mais impossible d'obtenir un rendez-vous chez le médecin en dehors de ses heures de boulot.

Une fois encore, elle va partir au travail avec la boule au ventre. Le centre d'appels dans lequel elle gagne son SMIC mensuel depuis 8 ans connaît un roulement du personnel d'une telle ampleur qu'elle n'a même pas le temps de s'y faire des amis. Le travail en tant que tel lui plaît. Elle rassure, oriente, guide, conseille, apporte son aide avec un professionnalisme sans faille. Mais les conditions de travail ne sont pas loin d'une forme de harcèlement tacite : chronométrage des pauses WC, rappels à l'ordre quand un appel a duré trop longtemps (il est en effet parfois difficile de raccrocher au nez d'un client du fournisseur d'électricité, qui sanglote à l'autre bout du fil parce que c'est Noël et qu'il n'y aura pas de courant pour illuminer le sapin cette année), rappel à l'ordre quand on n'a pas assez vendu de services complémentaires inutiles pour la modique somme d'un chariot de courses d'alimentation, rappels à l'ordre quand on n'a pas participé avec ferveur aux formations team building durant lesquelles chaque employé devait dessiner sur un ballon ses objectifs de travail de l'année à venir sous les hourras des autres qui ne savent plus s'ils sont au travail ou à l'école primaire.

Marianne paraît encore jeune à 50 ans, mais elle n'a plus la force de ses vingt ni de ses trente ans. Ce matin, à mi-chemin entre son domicile et le travail, elle gare sa Toyota sur le bas-côté et laisse couler les larmes.

Quelque chose a lâché en elle. Quelque chose qui ne pourra plus se solidifier. Une fracture franche, nette, fatale. Une digue rompue qui laisse un torrent passer en déferlantes violentes.
Six mois plus tard, Marianne est déclarée inapte par la médecine du travail. Ses migraines sont quotidiennes, les triptans peu efficaces, et ses larmes intarissables.

Son mari, qu'elle a rencontré quand Cédric avait 13 ans, la soutient, mais ne comprend pas bien ce qui lui arrive. Cet homme doux et gentil en apparence a été son dernier amour. Il a pu offrir un petit morceau de ce qu'elle espérait trouver pour elle et son fils : une stabilité affective, un modèle masculin. Pas le meilleur, quand elle le compare aux « hommes de la famille », imposants et charismatiques, mais Stéphane avait quelque chose de touchant, d'émouvant, et c'est un homme bon et travailleur.

Ses parents non plus ne comprennent pas. Elle a un mari, une maison, un travail… Que demander de mieux ?

Quant à Cédric, il n'apprendra pas tout de suite qu'elle a dû arrêter le travail. Marianne ne veut pas qu'il sache. Elle ne veut pas qu'il s'inquiète.

Mère jusqu'au bout, elle veut le préserver au maximum des aléas de sa vie actuelle. Elle estime que son fils a déjà partagé trop de galères avec elle, qu'il en a souffert plus que sa part. Pas besoin de le resservir avec ses histoires de travail et de migraines.

Dans la petite maison qu'elle a achetée avec son mari il y a 10 ans dans une ville de la Vienne, Marianne contemple sa vie. Elle ne se plaint de rien, elle estime qu'elle a de la chance, même quand elle râle. C'est juste une fatigue, au creux du corps, un truc un peu nauséeux, une brume qui ne se dissipe plus.

Elle pense qu'elle a transmis à son fils le goût de l'effort, une certaine image du dévouement, de la protection qu'une mère peut apporter à son enfant. Transmis son amour, tout son amour. Transmis les valeurs auxquelles elle croyait : travail, persévérance, effort, ténacité, travail, effort, ténacité…

Marianne se demande pourquoi son corps la lâche maintenant. Elle aurait pu craquer à 60 ou 70 ans, légitimement, avec l'âge vient l'usure du corps. Mais 50 ans, c'est encore jeune en 2018. Ses migraines seraient psychosomatiques, a dit le neurologue. « Pas psychologiques, non non, Madame, je ne dis pas que vous êtes une migraineuse imaginaire ! Mais vous avez somatisé, probablement à cause de votre travail en centre d'appels. D'après ce que j'ai entendu, il y en a beaucoup qui craquent, et plutôt au bout de seulement deux ans ! Vous, ça fait huit ans que vous tenez bon ! »

Psychosomatique, ça veut dire qu'elle n'avait pas de problème physiologique à la base, mais que le stress et la fatigue ont fini par la rendre malade. Elle qui n'a jamais été malade avant, qui n'a quasiment jamais raté une journée de travail… Quel choc, quelle déception.

Elle se souvient d'une journée particulièrement éprouvante, durant laquelle elle avait dû laisser Cédric, alors âgé de 7 ans, seul à l'appartement, vomissant, pâle, affaibli. Elle n'avait pas le choix, elle devait aller travailler, elle s'était engagée auprès d'un agriculteur pour l'aider spécifiquement sur quelques journées pour un travail dans le champ. Elle ne pouvait pas se permettre de ne pas gagner l'argent de ce travail. Petit contrat anodin qui allait payer quelques factures. Elle avait donc laissé son fils le matin, les portables n'existaient pas. Elle était revenue le soir aussi vite que possible, trouvant son garçon sur le sofa du petit salon, en pyjama taché. Elle avait lavé le pyjama, les draps, changé le linge de lit, elle avait fait une tisane à son fils. Son souvenir s'arrête là. Cédric avait dû aller mieux le lendemain et aller à l'école. Petit bonhomme aussi fort que sa maman. Aujourd'hui devenu homme, il n'a plus besoin d'elle, matériellement parlant. Il est débordé et l'appelle rarement. Marianne se languit de voir son fils deux fois par mois, parfois moins.

Dans sa petite maison dont elle est propriétaire avec son mari, ce symbole d'une réussite, Marianne s'affaisse sur son canapé. Elle ne sait plus à quoi elle sert. Elle voudrait juste que la douleur s'arrête. Aujourd'hui, c'est elle qui est pâle comme une morte, le visage tordu par la douleur, la nausée au bord des lèvres, c'est elle qui vomit.

Marianne a alors une drôle de pensée. Elle qui a su prendre soin de ses enfants (elle a eu un deuxième fils avec son mari) malgré les tempêtes de la vie, la voilà démunie quand il s'agit de prendre soin d'elle. Elle n'a pas su lever le pied quand il aurait fallu, pas pu trouver un autre emploi qui l'aurait moins épuisée nerveusement, pas trouvé le moyen de se garder à flot pour continuer sereinement. Elle a forcé, jour après jour, dans l'habitude d'y aller fort, de ne jamais lâcher. Qui a été là pour elle ? Qui a pris soin d'elle ? Qui prend soin d'elle aujourd'hui, tandis que la douleur lui vrille les tempes et la fait tirer au cœur ?

Aurait-elle épuisé la totalité de sa capacité à prendre soin d'elle auprès de ses enfants ? Que lui reste-t-il ? La satisfaction de voir ses grands garçons lancés sur les rails de la vie. Elle a été pour eux et fait pour eux ce que ses parents à elle n'ont pas su faire ou pas pu faire, ni être. Elle se dit que c'est une victoire, que les choses ont évolué… Mais elle se sent très seule avec sa douleur et sa fatigue, et elle songe que cette victoire lui a coûté cher, quand même…

**

Cela fait huit mois que Marianne a cessé de travailler en centre d'appels. Ses migraines se sont espacées. Elle a choisi d'aller aider son mari qui gère seul sa petite entreprise. Ils ont déménagé pour se rapprocher de l'atelier, et ils habitent en pleine campagne. La lumière y est douce, les effluves apaisants. La vente de leur maison en ville a permis d'éponger quelques crédits à la consommation que leurs salaires n'avaient jamais permis de rembourser, les intérêts courants, les pannes de chaudière remettant à plus tard le paiement de certains crédits, encore, et encore, et tout cela sans pouvoir se payer de vacances.

Elle et son mari travaillent dur, de longues heures, mais sans patron. Ils sont maintenant locataires et n'ont plus d'enfant à la maison. Marianne apprécie les petites choses du quotidien, gère les contrariétés inhérentes au travail en commun du couple, en se rappelant son ancien travail. Elle équilibre ses opinions sur sa vie actuelle en se souvenant de la vie qu'elle a eue quand elle était seule, complètement seule. Elle se dit que des contrariétés à répétition valent toujours mieux que le doute permanent, l'angoisse des factures, qu'elles valent mieux que les quatre enveloppes, mieux que les hommes de passage au rôle mal défini. Tout plutôt que ce vécu de mère seule.

Elle éprouve une admiration envieuse envers la femme de 30 ans qui se battait jour après jour, avec l'énergie d'une louve protégeant son petit, pour garder la tête hors de l'eau. Même si elle regrette cette énergie de lionne qui l'a animée si longtemps, même si elle sait que rien n'était écrit et que tout aurait pu être autrement, elle se dit qu'elle ne changerait rien. Pourtant, une mélancolie lui ronge le cœur. La mélancolie d'une adolescente qui voulait devenir bergère, que son père a étouffée pour la faire rentrer dans le rang des études, mélancolie d'une toute jeune adulte qui a un jour claqué la porte pour ne pas devenir folle, est partie sans diplômes, a rencontré un homme plus âgé – le père de Cédric. Un homme plus âgé qui aurait pu, peut-être, la confirmer mieux que son propre père, un homme plus âgé qui aurait pu l'aider, la soutenir. Un homme plus âgé qui, en fait, lui a fait un enfant et s'est barré un beau matin, faisant d'elle une femme mature avant l'âge, arrachant les racines d'une insouciance qu'elle aurait dû pouvoir goûter encore un peu. Il avait fait d'elle une mère célibataire. Marianne sait qu'elle est devenue une femme fière et forte qui supporte tout par amour pour son fils, avec courage et ténacité. Elle regarde avec tendresse la femme qu'elle a été, et qui, dans les moments où elle ne savait plus rien, cherchait du réconfort dans des bras d'hommes qui ne voulaient pas être ceux du père. Marianne se refuse à regretter quoi que ce soit : elle a relevé le défi d'être une maman-papa, et la salope, ça n'a jamais été elle, mais UN autre.

Moi, la mère de trois enfants

Par Ana Jan Lila

La plupart des personnes croient qu'il est facile d'être parents. C'est qu'ils n'ont pas encore eu d'enfants !

Aujourd'hui, je suis une femme… Enfin, lorsque je le peux.
Je suis une maman, une maman qui jongle avec trois enfants, une formation d'éducatrice, les tâches quotidiennes et surtout les imprévus de la vie.

Je me sens constamment jugée. Des paroles, des messes basses, des regards… Oui, moi qui prends le bus pour faire mes courses, car j'ai des enfants à nourrir, que ma voiture est en panne et que je n'ai pas les moyens de la faire réparer, on me pointe du doigt.

Je me sens seule. Oui, je n'ai pas d'épaule sur laquelle je puisse me réconforter le temps de reprendre mon souffle.

Je me sens nulle. J'ai l'impression de n'arriver à rien, malgré tous mes efforts pour sortir la tête de l'eau. Il faut dire que dans notre société, nous sommes constamment jugés. Il faut être une « mère parfaite » et ne jamais montrer des faiblesses. Une pression de plus avec laquelle il faut composer. Sans parler de la peur de mal faire. En attendant mes enfants à la sortie de l'école, on me regarde comme une bête curieuse. Je devine les mots de ces langues de vipère : « Tiens, voilà la mère célibataire désespérée… » qui sonnent comme une insulte, dans la bouche de ces langues de vipère. C'est vrai que je n'ai plus le temps de prendre soin de moi, que je peux paraître d'allure négligée, c'est vrai que je parais toujours essoufflée, en retard et fatiguée, et c'est vrai que je n'ai plus assez confiance en l'autre pour nouer des relations, même conventionnelles. Ces femmes sont tellement loin de ma réalité que j'ai renoncé à en discuter avec elles. Nous ne pourrons jamais nous comprendre.

Les journées sont harassantes. Chaque jour est un défi, chaque problème peut devenir un piège avec de lourdes conséquences sur l'organisation de mon foyer et sur mes finances.

Hier, j'ai gentiment demandé à ma mère de venir chez moi pour surveiller le travail du plombier qui s'occupe d'une fuite dans ma salle de bains, car une fois les enfants à l'école, je dois me rendre à ma formation que j'ai commencée depuis peu, après des années passées à me battre pour obtenir le droit de m'instruire. Mais lorsque j'ai demandé de l'aide, j'ai entendu une phrase que j'aurais voulu ne pas entendre et que je craignais d'entendre : « C'est facile d'avoir fait des gosses, mais il faut les assumer aussi. »
Merci maman !
Que dire de toi ?
Mais passons, c'est sans surprise…

Oui, je dois me battre pour tout. Vous savez, cet organisme fantastique qui soi-disant vous trouve un emploi, une formation ou une solution m'a claqué la porte au nez autant de fois que je m'y suis présentée. Pire, selon eux, mes projets étaient trop ambitieux ! Hors de mon CV, hors de mes compétences jaugées bien évidemment par ces « professionnels de l'emploi », qui eux-mêmes ne sont entrés dans la fonction que sur concours. Et souvent reçus premiers dans les concours de circonstances…
Le quotidien d'une maman seule. Faire face, serrer les dents, encaisser et continuer comme si de rien n'était. Ne pensez pas refaire votre vie avec trois gamins à charge. C'est seule que vous devrez avancer. Si un homme m'accepte, il faut qu'il accepte mes enfants.

Moi, la mère de trois enfants

Le temps est devenu mon ennemi ; souvent, j'ai le sentiment que tout se conjugue contre moi. Prendre soin de moi, mettre ma féminité en avant, me faire les ongles, m'occuper de mon corps, me reposer, me détendre, voir mes amies, lire, regarder quelque chose qui me plaît, dessiner, rêver... Tout cela, ce n'est plus possible. Le lit est cassé, il faut le réparer. Le petit a de la fièvre, il faut veiller, la lanière du cartable est cassée, il faut recoudre, le lait a débordé sur le feu, il faut nettoyer, les lunettes sont brisées, il faut prendre rendez-vous, la carte de bus est perdue, il faut des tickets, le professeur de mathématiques veut une calculatrice scientifique, il faut l'acheter, la connexion Internet ne marche plus, il faut téléphoner, il faut racheter des vêtements, je suis à sec, il faut des goûters dans les cartables, le frigidaire est vide, il faut, il faut, il faut...

De quoi suis-je coupable ?
D'avoir aimé ?
D'avoir voulu vivre un conte de fées ?

C'est Carabosse qui m'a ensorcelée : ma vie est minable et j'ai la tête dans le sable.
« Soyez mères, mais restez femmes », connaissez-vous ce slogan ?
Dans mon cas, ces magazines qui prétendent qu'il est parfaitement possible d'être les deux, j'ai envie de les brûler. Comme je brûle sur le bûcher mes envies et mes désirs.
Pensez-vous que je l'ai mérité ?
Que je n'en bave pas ?
Malgré tout, il faut garder la tête haute et le sourire aux lèvres. Peut-on dire à nos enfants que nous n'avons plus de travail et que nous ne saurons pas de quoi est fait demain ? Peut-on leur parler des souffrances qui nous brisent au quotidien ?

« Bienvenue sur la planète monoparentale. »

Mes enfants perçoivent-ils consciemment ou inconsciemment mon mal-être ?

Bonjour culpabilité !

Puis, il y a cette pénible influence de ces personnes qui s'en donnent à cœur joie en vous jugeant sous couvert de conseils pompeux. C'est vrai qu'eux font tellement mieux. Et c'est perturbant et les enfants se posent des questions. « Ton fils ne fait pas de sport ? » « Tu ne pars pas en vacances ? »

Mesdames, là, je m'adresse à celles qui ont la chance incalculable d'avoir métier et mari ou compagnon, qui disposent de deux salaires à la maison, qui ont une vraie famille avec de vrais grands-parents et des oncles et des tantes, et des frères et sœurs qui se serrent les coudes, bref, à celles qui se garent sur le parking de l'école avec leurs belles voitures :

Croyez-vous que je n'aimerais pas que mes enfants aient droit à de vraies vacances comme les autres ?

Croyez-vous que mon cœur ne se déchire pas de ne pas pouvoir leur offrir ce que tous leurs copains ont ?

Je ne nie pas l'évidence, et parfois, je me sens au bord du gouffre, je l'avoue.

Pourquoi complimente-t-on toujours ces mères qui font de bons petits cookies avec leurs thermomix hors de prix, aux jardins bien tondus, et n'a-t-on jamais un mot gentil, réconfortant pour ces mères qui, comme moi, se battent pour sortir la tête de l'eau et font ce qu'elles peuvent avec ce qu'elles ont ?

Je ne regrette pas mes enfants, ils sont ma raison de vivre, je les aime plus que ma propre vie. Ils n'ont rien demandé, pourtant, ils vous consolent lorsque vous n'êtes pas bien. Ils sont ces petits bouts qui vous sourient sincèrement quand vous êtes au bord des larmes.

Moi, la mère de trois enfants

Malheureusement, ce n'est pas toujours suffisant. Ma santé se détériore chaque jour un peu plus. Au-delà du stress de gérer seule le quotidien, la précarité n'aide pas.

Que faire ?

Alors, oui, je fais avancer ma poussette avec difficulté, épuisée et sortant de longues maladies ; oui, parfois, je suis mal coiffée, mes yeux sont cernés et je ne ressemble à rien.

Mais dans le fond, pourquoi vous acharnez-vous à me juger ?

Cette question tourne en boucle dans ma tête.

Parce que vous savez que vous seriez à la hauteur à ma place ?

Mon témoignage ne changera pas grand-chose dans une société aussi égoïste et empreinte de préjugés que la nôtre, mais j'ai la fierté de pouvoir mettre des mots sur mes maux. De pouvoir être une voix parmi tant d'autres.

Alors, je m'adresse à vous, Mesdames et Messieurs, la prochaine fois que vous verrez une femme en position de faiblesse, souriez-lui, vous ne savez pas ce qu'elle traverse. Un mot gentil fait parfois toute la différence, croyez-moi.

Enfin, je m'adresse à ces femmes, à ces hommes, à ces parents considérés comme « imparfaits » qui élèvent leurs enfants seuls et subissent les mêmes interrogations et vivent les mêmes souffrances que moi : vous n'êtes pas seuls. Regardez-vous dans le miroir quelques minutes, voyez le chemin parcouru et soyez fiers. L'espoir existe encore ; il est en nos enfants. Ce que nous avons créé de plus pur dans ce monde tellement inhumain et pauvre en sentiments.

Faisons d'eux des êtres bienveillants et continuons à donner le meilleur de nous-mêmes.

Julie, 34 ans, maman de trois enfants, de 12, 9 et 2 ans.

Je ne suis pas un héros

Témoignage d'Anselme,
Recueilli par Nathalie Sambat

Notre fille a quatre ans lorsque nous apprenons la grossesse gémellaire de mon ex-femme. Des jumeaux, c'est très sympa, c'est vrai. C'est deux fois plus d'amour à donner et à recevoir. Mais le travail aussi est en double : les pauses biberons, les maladies infantiles, les devoirs, les bains, les budgets, la fatigue. Elle est comptable dans un gros groupe, et moi, je suis chef d'entreprise. Nous vivons dans un pavillon, dans un quartier plutôt sympa en région parisienne. Une vie somme toute très classique, où nous jonglons entre toutes ces contraintes.

Nous avons tous les deux des histoires familiales compliquées, avec des parents toxiques ou des problèmes d'alcool, alors cette vie de famille est plutôt une réussite. Je ne me souviens plus très bien comment la chute s'est amorcée... Trop de stress, des problèmes au bureau, une forme de lassitude de la vie. Mais, insidieusement, l'apéritif du vendredi soir s'est invité comme un pansement, une échappatoire, un moyen de décompresser, pour nous deux. D'un verre, nous sommes passés à trois, et du vendredi soir, nous sommes arrivés à boire tous les soirs de la semaine. Nous n'étions jamais saouls, mais nous étions néanmoins alcooliques.

Des soucis avec ma société sont la goutte de gin qui fait déborder le vase. Un soir, je décide d'en finir et avale des comprimés, trop de comprimés. Alors que je suis à moitié à l'agonie, ma femme ne trouve que ces mots pour m'aider : « Va donc crever à la cave ! » Dans un bref sursaut de lucidité, j'appelle les secours qui me sauvent in extremis.

Je rentre en clinique, commence une cure de désintoxication et la convaincs de faire la même chose. J'arrête de boire, de fumer, je me remets au sport, je mets en place un suivi psychologique et je trouve un travail de commercial. Elle, elle s'enfonce un peu plus dans l'alcool, les drogues douces et continue d'être dans le déni de cette réalité.

Ce mieux pour moi signe la fin de notre couple. Nous ne partageons plus rien. Alors elle me sabre, me critique, me rabaisse et me trompe. Je lui demande de partir et elle s'exécute sans même essayer de se défendre. Sa nouvelle relation semble compliquée, elle jongle avec les arrêts de travail, les foyers pour femmes, les hôtels, et ne donne que très peu de nouvelles aux enfants.

Le temps que je mette en place une procédure avec un avocat, elle ne se manifeste pas, noyée dans son alcool, son shit et son histoire d'amour. Elle est rarement en contact avec les enfants, et à chaque fois que cela se produit, c'est avec beaucoup de maladresse. Ils se sentent abandonnés et rapidement ne veulent plus de contact avec elle.

Ma fille, qui a alors 15 ans, souffrait de la relation difficile qu'elle entretenait avec sa mère. Elle aussi était rabaissée, humiliée. Son départ est presque un soulagement. Pour mes fils, alors âgés de 11 ans, c'est un peu moins évident. En cas de décès, il y a du chagrin, mais le deuil peut se faire. Là, il faut faire le deuil de quelqu'un de vivant, avec cet espoir sous-jacent d'un possible retour, d'une éventuelle amélioration.

La juge aux affaires familiales tranche : elle n'accorde à cette maman qui se présente devant elle complètement en vrac qu'un droit de visite un week-end et un mercredi sur deux, avec ajout d'une clause particulière : « Le planning de Monsieur reste prioritaire sur les droits de visite de Madame. » Ce n'est pas une demande de ma part, mais elle a senti la toxicité maternelle et enlève ainsi aux enfants, et à moi, toute notion de contrainte.

Leur mère ne les prend jamais le week-end, ne vient pas les voir, ne les appelle pas. Elle disparaît complètement, enfin presque… Juste quelques tentatives maladroites, comme ce courrier à Noël, où elle écrit à ses enfants : « Je veux vous voir avant de mourir » et où elle me descend. Je ne dis jamais de mal d'elle, c'est inutile, les faits parlent d'eux-mêmes. J'accompagne les enfants chez un psychologue, pour qu'ils sachent qu'en cas de besoin, ils peuvent trouver une oreille neutre pour les accompagner. Ils me promettent d'y faire appel en cas de besoin.

Si je deviens le seul référent pour les enfants, il n'est pas question que je me transforme en soubrette pour autant. Ce changement impacte tout le monde et nous devons nous partager les tâches pour y parvenir. Je fais les courses et la cuisine, ils mettent la table et font la vaisselle. Je cultive leur autonomie, essaie de les rendre les plus responsables possible pour que nous puissions dégager du temps pour des choses plus enrichissantes. J'avoue ne pas passer la serpillière tous les jours, mais je fais ce que je peux.

Mon premier achat de papa solo est un extincteur, et mon second, de quoi les équiper de téléphones portables. Nous sommes un clan un peu atypique et nous devons pouvoir compter les uns sur les autres, mais aussi pouvoir nous rassurer les uns les autres.

J'enregistre le numéro de leur mère sur chacun des appareils, mais, en accord avec eux, je ne la fais pas apparaître au nom de « maman » dans le répertoire. En cas de problème, c'est là que les gens iraient chercher en premier et personne de nous quatre n'est confiant quant aux choix qu'elle pourrait faire si cela s'avérait nécessaire.

Mon travail m'oblige à laisser les garçons sous la responsabilité de leur grande sœur à certaines heures de la journée. Je n'ai pas de famille, pas de moyens pour financer des gardes à domicile et pas d'autres solutions que de leur faire confiance. J'explique, je fais de la prévention et garde mon téléphone en permanence à côté de moi. Je pars rarement en déplacement professionnel, et jamais plus d'une journée, mais cela se produit.

Je prépare tout ce qu'il faut avant, anticipe tout, pour que tout cela soit simple pour eux. Mon portable se transforme en « babyphone » d'où je peux gérer à distance les moindres choses.

Je me souviens d'un déplacement avec le dirigeant de l'entreprise pour un client important. Au milieu du dîner d'affaires, j'ai eu à gérer un problème électrique. À la maison, tout avait disjoncté et les enfants étaient dans le noir total. J'ai dû mener une enquête à distance pour en comprendre l'origine et donner des instructions pour que le problème soit résolu : faire tester chaque différentiel, demander des photos du tableau électrique, questionner les enfants pour réaliser que de l'eau dans une prise était le problème. Je restais calme et serein au téléphone avec eux alors qu'intérieurement, c'était un stress assez énorme. Je serais bien évidemment rentré si cela n'avait pas été solutionné, mais cela aurait été source de complications pour mon boulot.

Ce qui me surprend au début, c'est l'accueil de ma situation par l'extérieur. Partout où je dois expliquer ce qu'il se passe, je sens une immense compassion. Une mère qui abandonne ses enfants, c'est impardonnable, impensable. Elle obtient le statut de monstre, et moi de héros. Pourtant, à la sortie de l'école, il y a plein de mamans seules qui vivent la même chose avec le père de leurs enfants. Mais moi, je suis « Oh ! Le pauvre ! », pas elles. Il n'y a pourtant rien d'exceptionnel. Je suis juste un père.

Lors de mon rendez-vous à la Caisse d'allocations familiales, je m'attendais à vivre un calvaire décrit par d'autres parents : « Il manque des justificatifs ! », « Vous dépassez de 5 € les plafonds ! », « Ce n'est pas le bon service ! », « Ce n'est pas le bon jour ! », etc. Mais dès que j'annonce que la maman a quitté le foyer et ne donne pas signe de vie, c'est presque un tapis rouge qui se déploie à mes pieds.

Je ne suis pas un héros

Pareil avec les services de la mairie de la ville où j'habite : alors que cela semble impossible pour d'autres parents, ils s'arrangent pour que mes enfants partent en colonie de vacances aux mêmes dates, pour que je souffle un peu. Mes revenus dépassent le plafond de quelques dizaines d'euros ? Ce n'est pas grave, « on ne va pas vous embêter avec ça en plus ! ». Je ne sais pas si c'est parce que j'ai eu la chance de tomber sur les bonnes personnes ou si c'est mon profil très inhabituel qui vient réveiller leur empathie.

Toujours est-il que personne n'embête « le pauvre » papa que je suis, ni l'école ni les amis, personne ! Quand j'entends les mamans qui vivent le même quotidien que moi, je dois avouer me sentir privilégié de bénéficier d'un traitement de faveur.

Je ne suis pourtant pas une maman poule. J'essaie de faire au mieux le job. Et quel job ! Tout gérer seul, tout le temps, c'est chronophage et lourd à porter. Il n'y a personne pour temporiser, pour me dire si je suis juste, cohérent, impartial. Il n'y a aucun soutien ni effet miroir.

J'ai peut-être été un papa un peu strict, têtu... Il n'y avait pas de place dans l'organisation pour laisser de la place à trop de négociations, me donnant un côté psychorigide. Il fallait que tout le monde avance. C'est sûrement pour cela que l'adolescence avec mes fils a été une période pleine de tensions. La colère accumulée au fil des années a accentué probablement l'envie de révolte chez eux. Surtout que les rares fois où ils avaient un petit contact avec leur mère, elle en profitait pour remettre de l'huile sur le feu.

Je me souviens d'un soir où, après une longue journée de travail, les enfants m'ont attaqué sur l'injuste partage des biens. Elle ne leur parlait pas souvent et pas longtemps, mais elle avait le don de leur retourner le cerveau. Comme à chaque fois, j'ai pris le temps de me justifier et d'expliquer que c'est le juge qui a tranché, pas moi.

Par Anselme et Nathalie Sambat

Au fil du temps, les enfants ont compris et sont moins manipulables. Mais sur le coup, c'est vrai que ça fait mal. Vous consacrez votre temps, votre énergie, votre vie pour eux, et en quelques minutes, je suis suspecté du pire par ceux pour qui je sacrifie mon quotidien. Je ne leur en tiens pas rigueur, évidemment, je connais le pouvoir toxique de leur mère. Il n'en reste pas moins un sentiment de désespoir lorsque cela se produit.

Aujourd'hui, un seul des garçons est en contact avec elle, mais cela semble compliqué. Je ne sais pas précisément pourquoi, car je me refuse toute ingérence sur le sujet. Il a les éléments dont il doit disposer pour avoir son libre arbitre sur le sujet. Je ne m'immisce pas dans cette problématique, mais il sait qu'il peut en parler s'il le souhaite.

Quand je repense à tout cela, je garde un souvenir neutre : ce n'était ni génial ni catastrophique. Je suis fier de ne pas avoir lâché, mais n'en éprouve aucun sentiment de gloire non plus. J'ai fait ce que je devais faire. Ils sont aujourd'hui tous les trois de jeunes adultes épanouis, bien dans leurs baskets, avec des projets de vie qui les rendent heureux. Ils savent que papa est toujours là quoi qu'il arrive, et c'est ça qui compte.

Je peux aujourd'hui penser à moi et à ce qui me fait plaisir. Je suis un passionné de kayak, chose que je pouvais difficilement faire avec les trois enfants à charge, et de nature. Me retirer dans la baie de Somme pour me recentrer sur ce qui me fait plaisir est enfin possible. Je sors d'une parenthèse de ma vie qui n'avait pas été prévue dans le scénario au départ et la reprend là où je l'avais laissée. Mais quoi que je fasse, mon téléphone n'est jamais loin. À chaque appel de mes enfants, mon inquiétude demeure cependant la même ! Je ne sais jamais si c'est une bonne ou une mauvaise nouvelle… Je suis leur seul référent, jusqu'à la fin de ma vie.

C'est moi qui les aime

Par Coralie Griso

Je m'appelle Coralie et j'ai 16 ans lorsque je tombe éperdument amoureuse de mon prince. Je suis alors une jeune fille banale, qui se sent pourtant différente : je suis mal dans ma peau, timide, hypersensible, rêveuse… une jeune fille qui croit au conte de fées, à l'amour unique et éternel. Passionnée de danse, transcendée par la musique, les textes, et aimant passer du temps avec mes copines, je vis au jour le jour. Je n'ai pas de projets à part faire la fête et m'amuser.

C'était un jour de printemps, lorsque le soleil revient pour réchauffer les cœurs et donner espoir au bonheur. J'étais assise dans le bus du lycée me ramenant chez moi, je regardais par la fenêtre les passants, le regard perdu, sans lueur, lorsqu'il est passé ; juste passé, en marchant avec un air désinvolte et son sac sur une seule épaule, comme un rayon de soleil perçant un nuage. Il a éclairé mon visage et mon âme. Ça n'a duré que quelques secondes. Il était si beau, trop beau pour moi sans doute, mais c'était lui, je le savais, je le ressentais, c'était certain : c'était lui l'amour de ma vie ! Et à partir de ce jour de printemps, l'amour est né, je me suis sentie vivante et rayonnante. J'aurais maintenant des projets et ils seraient avec lui. Mon amie Flo le surnomma « ton Prince charmant », et il le fut.

Il s'appelle Dorian, il a 17 ans. Il est passionné de basket, aime la musique, jouer à la console, passer du temps avec ses copains. Il est authentique, bien dans sa peau, humble, discret, honnête, joyeux, d'une beauté et d'un charisme qui me rendent vite dépendante.

Il a fallu attendre de passer un été, puis un automne pour commencer à dire « NOUS ». C'était une nuit d'hiver, dans une boîte de nuit poussiéreuse. L'endroit était loin d'être la bibliothèque étincelante de *La Belle et la Bête* et ressemblait plutôt à la grange du village. La musique n'était pas des plus magiques, même si le groupe de chanteurs de l'époque en portait le nom. Pourtant, lui comme moi avons vécu cet instant comme si nous y étions les héros d'un bal enchanté et ce moment comme l'un des plus beaux de notre histoire éternelle. Il m'a tendu la main et je n'ai pas hésité à lui confier la mienne. Puis, seuls dans notre bulle, en tournant, se regardant, savourant cet instant que l'on savait hors du temps, plus rien n'existait autour de nous, plus rien n'avait d'importance, même si les musiques s'enchaînaient et que nous étions toujours collés l'un contre l'autre à tourner lentement. Les lumières dansaient autour de nous, il y avait seulement le bruit des battements de nos cœurs, de nos respirations qui s'accéléraient en ressentant chaque partie de nos corps qui s'effleuraient. C'est là que nos lèvres se sont touchées pour la première fois et que les papillons qui ne quitteront plus jamais mon ventre se sont installés.

Il me montre les étoiles à notre premier repas en tête-à-tête, il me demande en mariage à notre premier Nouvel An, je deviens femme entre ses bras, il me donne mon premier cours de conduite, il m'aide à accomplir mon premier travail, il vient me secourir lors de ma première panne, puis de mon premier accident, il m'aide à réviser mon BEP. Il aime me faire des cadeaux et me surprendre. Bien sûr, il nous arrive de nous disputer. Nous sommes tous les deux jaloux, possessifs et têtus, mais pour danser à deux, il faut apprendre à s'écouter, s'observer, afin que la danse devienne harmonieuse et fluide, tout en respectant l'espace de l'autre. « On ne laisse pas Bébé dans un coin », me disait-il avec son petit sourire malin.

Trois ans après notre première danse, nous quittons nos parents pour vivre ce besoin d'être toujours ensemble. J'ai 21 ans, je fais un BTS en alternance et lui travaille en grande surface. Je suis « son cœur » et il est « mon amour », comme dans la chanson d'Anaïs. On se rejoint souvent le midi pour déjeuner ensemble, car une journée complète sans se voir, c'est trop long.

Sept ans après avoir regardé par la fenêtre du bus, j'ai 23 ans et notre belle histoire d'amour se poursuit par un magnifique mariage comme je l'avais tant rêvé. De cette journée, je retiens son regard tendre et ému à mon arrivée face à lui à l'église de son village et notre retour chez nous, mari et femme, où il a monté deux étages en me portant. Il m'a fait la surprise d'avoir rempli l'appartement de roses rouges. Le conte de fées est bien réel et l'amour débordant. Il m'avait fait sa demande officielle un an auparavant, au petit-déjeuner, dans le palace du lac d'Annecy enneigé. C'était si pur et solennel, j'ai pleuré de bonheur.

Il est le premier à désirer un enfant. J'attends un an pour lui confier que je suis prête à nous faire ce cadeau, de réunir notre amour en un petit être précieux. Nino arrive une nuit de neige. Il est merveilleux, j'ai 26 ans et je suis comblée d'amour.

Chaque nuit, nous dormons le pied collé à celui de l'autre, on se dispute pour savoir qui aime le plus l'autre, des « je t'aime » et des « non, c'est moi qui t'aime » à n'en plus finir. Il aime s'enivrer de mon odeur, « ma petite femme à moi », et me serre très fort à m'en faire presque mal. Je lui répète souvent que le meilleur endroit du monde, c'est dans ses bras. Nous sommes heureux.

C'est un papa très présent qui aime donner le bain, faire des soirées foot avec son loulou. Il est fier d'être papa, va faire les courses avec lui et le présente à ses collègues, lui offre des tours de manèges, lui offre souvent des cadeaux. Il combat tous les monstres de sa chambre tellement il est le plus fort, c'est lui qui lui achète ses chaussures, lui coupe les cheveux… Il le fait rire en chantant comme un fou dans la voiture en inventant les paroles. Il invente le « câlin à 3 » : quand il crie ce mot, on doit vite se faire un câlin.

Les papillons dansent dans mon ventre lorsqu'un beau jour d'automne, pendant un pique-nique à notre endroit préféré, là où le fleuve rencontre le canal pour ne devenir qu'un, il me chuchote à l'oreille qu'il est prêt pour un deuxième enfant. Et c'est un soir de fête tous les trois à la maison que je lui laisse un message sur la porte : « Tu as neuf mois pour fabriquer un lit lune. » Il est très ému et, ce soir-là, nous avons eu mal aux joues à force de sourire de joie.

J'ai 31 ans, je suis enceinte de sept mois et nous venons de nous mettre d'accord sur le seul prénom que nous aimons tous les deux, un secret que nous ne dévoilerons même pas à ce dernier repas familial dominical chez ses parents.
J'appréhende l'accouchement, mais il me rassure : « Ne commence pas à y penser maintenant, tu verras quand tu y seras, tu n'auras pas le choix, de toute façon. »
Il est mon pilier, ma moitié, ma fierté, mon confident, mon meilleur ami et mon homme. Je suis carrément dépendante de lui, et lui de moi. Nous ne faisons rien l'un sans l'autre. On se raconte toutes nos journées en détail. On parle de tout.

J'ai 31 ans ce lundi matin du 6 février 2017 où tout a basculé. Cela fait seize ans que mon cœur l'a choisi. Il a déposé notre fils à l'école et lui a dit que nous allions venir le chercher ensemble ce soir. Il m'a amené un croissant. Je le déguste à table et je l'admire, en face de moi, assis sur le canapé. C'est la dernière fois que je me lève le cœur léger.

Ce matin-là, avant de partir dans un magasin de bricolage pour construire le cocon de notre bébé, je colle sur ses chaussures blanches toutes neuves un autocollant rose en forme de cœur. Ses baskets sortent de la maison et elles n'y rentreront plus jamais, sa main ferme notre porte pour la dernière fois. Il a laissé son tee-shirt par terre dans la salle de bains et un sweat sur notre lit. Sur la route, nous parlons solidarité, éducation musicale et maison. « Peu importe de trouver une maison plus grande, le principal, c'est d'être ensemble. » Avant de descendre de la voiture pour la dernière fois, il colle le cœur prêt de l'autoradio. Je ne pensais pas que c'était moi qui reprendrais le volant, à sa place, le cœur brisé, car le sien se serait arrêté…

Pour nous remémorer les souvenirs de nos débuts, nous sommes retournés au même restaurant qu'il y a dix ans. Il décide de prendre des nachos, alors que moi, je regarde déjà les desserts. Mon seul souci à cet instant, c'est de me demander si je prends un brownie ou pas. Nous parlons de l'anniversaire de Nino qui a lieu dans une semaine : nous voulons lui faire une super fête au bowling, et son premier anniversaire avec ses copains sera génial, nous avons hâte. Nous avions hâte de tellement de choses. Le serveur un peu mollasson vient enfin nous servir l'apéro. Je baisse de nouveau la tête pour regarder la carte et je la relève. À partir de ce moment-là, je n'ai que des flashes. Ceux qui viennent me frapper à tout moment de la journée ou de la nuit. C'est à partir de cet instant que mon cerveau s'est mis en mode sécurité, m'a-t-on expliqué, car le choc était trop violent. Il a les yeux ouverts, se tient assis, il convulse, bave. Je me précipite près de lui sur la banquette, hésite bêtement à prendre une serviette de papier rouge pour ne pas que ça déteigne sur son nouveau sweat à capuche. Je la mouille et lui pose sur le front. Je suis à genoux et il est dans mes bras, la tête en arrière. Je lui demande si ça va mieux, si ça lui fait du bien. Il a le regard qui me fixe, la tête appuyée sur mon gros ventre, il ne répond pas. « Dorian, mon amour, Dorian, eh ! » Je monte la voix, « Dorian », et puis « à l'aide, vite ! ». Des personnes viennent à son secours pendant que je demande à l'accueil d'appeler le Samu. Je me retourne : il est allongé sur le sol, une dame lui fait un massage cardiaque. Il y a d'autres personnes qui ont poussé les tables. Le Samu arrive, on lui arrache violemment son sweat, l'emmène à un autre endroit, me demande de ne pas regarder, mais je ne peux pas m'en empêcher. Ils utilisent l'électrochoc à plusieurs reprises, c'est horrible. Ils sont nombreux, un médecin vient me poser des questions, je ne comprends pas ce qu'il se passe. J'ai basculé déjà, je suis absente de mon corps, je me sens comme dans un mauvais film. Il est sur un brancard, torse nu, porte un masque à oxygène et a les yeux fermés. Ils l'emmènent dans le camion et me disent de lui faire un baiser avant de partir. Par la fenêtre du restaurant, je regarde, hagarde, la porte se fermer et le camion partir. Je me souviens du regard sans espoir du dernier pompier qui ferme la porte. Comment est-ce possible ? Tout a été si rapide ! Nous étions juste en train de passer un bon moment au restau... Nous sommes rentrés dans ce restaurant main dans la main à 12 h 30, et à 13 h 30, l'heure à laquelle nous devions aller faire les boutiques avant d'aller chercher Nino, je me retrouve seule, perdue et abandonnée derrière cette fenêtre.

Rapidement, je deviens une machine. Mon cerveau se met en mode automatique : appeler la nourrice pour aller chercher notre fils à la sortie de l'école, appeler ses parents pour qu'ils viennent me chercher et que l'on aille à l'hôpital. Mes parents aussi sont là. Le médecin me pose des questions, nous changeons de salle, nous attendons, nous sommes dans un espace-temps surnaturel et je le resterai pendant des années. Je suis comme en apesanteur, au-dessus des gens. Je me sens transparente, absente de mon corps, les gens sont des silhouettes et les paroles des bruits. Nous pouvons le voir, ses yeux sont toujours fermés et il y a des machines partout. Je reste la nuit entière à le regarder, à lui tenir la main, à lui mettre la main sur mon ventre et à essayer de m'enrouler dans ses bras, à l'embrasser, à lui caresser le visage, les cheveux... À chaque bip anormal des machines, je vais alerter le médecin, même si elle me dit que ce n'est pas la peine de le faire et ne m'a jamais fait espérer un miracle.

Le mardi matin 7 février, le médecin me dit que c'est fini, qu'il faut éteindre toutes les machines. « Je veux voir une psy, il faut que je le dise à notre fils et je ne pourrai pas. » Le moment est surréaliste, nous sommes tous autour de lui et ils éteignent les machines une par une. C'était le jour de notre dernière écho, j'ai oublié que j'étais enceinte, car ça n'a plus de sens. Les médecins me demandent de partir et me laissent avec une vulgaire pochette plastique contenant son alliance, sa montre et ses vêtements. Les infirmières pourront continuer d'évacuer tranquillement leur stress en éclatant de rire comme elles l'ont fait pendant leur garde. Et l'interne recevra Nino quelques jours plus tard pour répondre à ses questions, comme elle me l'avait promis, et finira par pleurer avec moi. Le cauchemar se poursuit, car il faut ensuite choisir le bois de son cercueil, la couleur du tissu qui l'entoure et autres tortures inutiles, choisir ses vêtements, la musique de cérémonie, écrire un texte, voir le prêtre, répondre aux appels et messages reçus, voir psy et psychiatre. Il faut garder ses forces pour ne pas répondre à tellement de remarques déplacées : « On a dû annuler nos vacances, comment vais-je être remboursé ? » « Avec le temps, ça ira mieux. » « Moi aussi, je suis seule, mon mari ne rentre que le week-end. » « Un mari, ça se remplace. »

Mes copines viennent à mon chevet avec douceur et amour. Je reste plusieurs jours enfermée dans ma chambre d'adolescente, chez mes parents, avec mon enfant de 5 ans et portant la vie alors que je ne me sens plus vivante. Je vais le voir au funérarium. J'ai peur d'y rentrer, ma merveilleuse belle-sœur m'accompagne et me soutient, nous devenons sœurs. C'est absolument horrible et sa froideur me terrorise. Je le coiffe avec son gel, comme il l'aurait voulu, et le couvre de photos pour qu'il nous emporte avec lui. Les odeurs de ce lieu m'imprègnent, je ne vois pas le temps passer, j'y vais même jusqu'à tard la nuit. Je n'ai plus nulle part où j'ai envie d'aller. Nous ne sommes pas loin de cette boîte de nuit poussiéreuse... Que s'est-il donc passé ? Pourquoi ? Je l'annonce à Nino qui fêtera dans quelques jours ses 5 ans avec ses copains. Je l'accompagne voir son papa. Il lui laisse des objets fétiches et aura ensuite plein de questions. Ils doivent refermer et sceller... Je ne le reverrai plus jamais et je ne veux absolument pas. C'est physiquement impossible, je veux venir avec lui dans cette boîte hideuse en je ne sais quel bois ni quel tissu blanc nacré ou beige, quelle importance... Je ne veux pas qu'on referme, je veux encore du temps, il n'a pas eu assez de temps. C'est injuste. C'est un cauchemar. Tous mes pleurs contenus laissent éclater des larmes de sang, de cris, de douleur. « Faites-la sortir », disent-ils tout bas. Mon amour, non ! Non ! Non ! Non ! Non ! ... Et c'est fini. Je ne le verrai plus, ne le sentirai plus, ne le toucherai plus, ne l'embrasserai plus. Jamais.

C'est moi qui les aime

Il y aura désormais un avant et un après. Et sans m'en rendre compte, je prends ce réflexe archaïque d'enfant de balancement qui vient naturellement me bercer, pour se rassurer, se calmer, quand plus personne ne peut le faire. Seul le corps réagit et me propose ce refuge.

Je rentre avec mon père et mon frère à mon bras dans la même église que notre mariage, il m'attend au même endroit qu'il y a sept ans et son regard me manque tellement. Il y a énormément de monde, beaucoup restent dehors. « Feu mon mari, feu. » Je repense à Amélie Poulain qui répète sans cesse « feu mes parents, feu » pour essayer d'intégrer cette notion qu'elle ne peut accepter. C'est pareil pour moi, je me le répète, mais je ne veux et ne peux pas le croire. Je refuse de le voir être consumé, c'est si violent. Je vais dehors regarder la fumée qui part au ciel sans m'en rendre vraiment compte. Quelques mois plus tard, le jour de l'automne, notre saison préférée, je reviens chercher l'urne. Le chemin pour y aller et en revenir est un périple... Je l'emmène à nos endroits clefs, je mange avec lui, lui fais faire un tour du jardin, le transporte sur le siège à côté de moi... Il va falloir maintenant enfermer l'urne dans une autre boîte, pourquoi tant d'étapes ? Tous ces endroits anodins prennent soudainement un sens nouveau : celui de l'absence, du traumatisme et du souvenir.

Tout le monde veut me voir, pour voir à ma tête si je vais bien ou pas, comme si ça pouvait se voir... Et de faire semblant de tenir, c'est fatigant. J'aimerais que l'on vienne me voir et me dise : « Va te coucher et dors pendant deux jours, je m'occupe de tout. » Je reçois beaucoup de courriers, beaucoup de SMS, et je prends le temps de répondre longuement à tous avec honnêteté et précision, car cela me touche qu'on pense à nous. Pour beaucoup, les mains tendues se retirent vite, en fait. Ce ne sont que de belles paroles. Combien disent « on sera toujours là si tu as besoin », car il est coutume de le dire, mais ne prennent jamais d'initiatives. J'écris régulièrement à tous mes proches de longs messages pour leur expliquer ce qu'il se passe en moi et les remercie pour leurs pensées et leur soutien. Certains répondent longuement, d'autres brièvement, et d'autres même pas.

C'est le festival des insupportables « comment ça va ? », « il faut », « tu dois », « tu es forte », « tu n'as pas le choix », « il est avec toi », « tu n'es pas seule », « raccroche-toi à vos enfants », « ça ira mieux avec le temps » et des maladresses qui finissent par devenir grossières tellement elles peuvent être répétitives et blessantes. Et puis non, ça ne va pas du tout ! Comment ça pourrait aller ? Si, je suis seule, car je suis sans lui, c'est absurde. Et non, je ne suis pas forte ! À l'intérieur, je suis brisée, c'est une torture de chaque instant. Je fais juste bonne figure par pudeur. Et si, j'ai d'autres choix, plus faciles, mais c'est juste que je les aime trop pour ne pas y céder. Oui, il y a nos enfants qui sont là, mais ça ne peut me suffire, et non, malheureusement, il n'est pas avec moi, ou pas comme je le voudrais et ça ne me satisfait vraiment pas. Et le temps, bien au contraire, n'arrange rien, car il vient ancrer le côté irréversible, le manque grandissant et toute cette charge émotionnelle accumulée.

J'ai 31 ans, je suis enceinte de huit mois et demi, j'ai un petit garçon de cinq ans, je vis seule et je ne l'ai pas choisi. On choisit de se marier, de divorcer, de se séparer, mais pas d'être arrachée à l'être aimé, alors pourquoi ce statut me serait imposé ? Moi, si fière d'être mariée, je refuse que l'on m'impose un statut au mot affreux : veuve. J'aime mon mari, il m'aime et je suis mariée.

C'est moi qui les aime

Enceinte sans mon amour, les difficultés sont bien nombreuses, surtout qu'il m'avait habituée à faire beaucoup de choses et à beaucoup me chouchouter depuis toujours. Je m'exécute à toutes les tâches ménagères, courses, repas, papiers, tondeuse, bricolage. Mais ce n'est absolument rien comparé à ce qu'il y a de plus insurmontable, insupportable et extrêmement dur à gérer : survivre sans lui. Le manque, l'attente, l'absence, la solitude, le désespoir, l'incompréhension, la colère, la douleur, les questionnements sont omniprésents. Son regard aimant me faisait me sentir vivante et exister, sa main dans la mienne me faisait me sentir plus forte et accompagnée, sa bouche sur la mienne me procurait plaisir et complicité. Toutes les émotions et sensations sont extrêmes, le corps et l'esprit sont en manque et la souffrance est grande. Ça, c'est dur à gérer. Et puis, ce n'est pas un « problème » auquel il y aurait une solution. Non, il n'y a plus rien à y faire, c'est une fatalité, c'est irréversible. C'est autant de frustration que de colère. L'échographe me dit : « Eh bien, c'est la dernière écho, c'est super, mais ça n'a pas l'air d'aller ? » Il était là, à côté de moi, me donnant la main, il y a moins de trois mois, lorsque nous avons vu notre petit garçon. Nous étions si heureux de le voir, et là, je n'arrive même pas à le regarder.

Le seul contournement auquel j'ai failli céder, c'est de le rejoindre pour apaiser mes souffrances. Mais je n'avais pas le droit, car je l'aime trop pour ne pas me battre. Alors, de princesse, je passe à guerrière. *« Tu ne sais pas à quel point tu es fort jusqu'au jour où être fort devient la seule option »*, disait Bob Marley. Il disait toujours à Nino : « Maman, c'est une princesse, tu as de la chance d'avoir une maman comme elle. » Alors, je dois faire en sorte qu'il continue de le penser.

Nino devient mon allié et je le protégerai de toute attaque cruelle comme celles qu'il subit déjà, si petit, de la part de ses camarades de maternelle, puis d'élémentaire qui ne l'épargnent pas. Les enfants se moquent, l'interrogent, le harcèlent, ont des mots très durs. Nino est trop affaibli et démuni pour se battre, alors il rugit comme un animal ou fuit. Il commence à avoir des douleurs dans la poitrine dues à l'angoisse et ça me fait peur, des tics de visage, fait une période de pelade, a mal au ventre tous les matins pour aller à l'école et a d'énormes problèmes de concentration à l'école.

Tous les soirs, je me plie comme je peux pour aller pleurer avec lui dans son lit cabane que son papa lui a fabriqué. Même en fin de grossesse, je recommence à le porter, il en a besoin. Il ne me quitte pas d'une semelle, me suis pas à pas, il a peur. Il me réclame de lui raconter encore et encore « comment ça s'est passé au restaurant », et je le lui répète autant de fois qu'il souhaite l'entendre. La psy m'a dit qu'au fil de sa croissance, il aura des questions complémentaires, de plus en plus précises, et c'est vrai.

Je fais toujours tout en continuant de penser à deux. Il n'y a pas une journée où nous ne parlons pas de lui, une minute où je ne pense pas à lui. Je ne veux pas qu'il soit un sujet tabou. Je ne veux pas non plus l'idéaliser, même si je l'idéalisais déjà avant.

Notre second enfant, qui s'était fait bien discret pendant deux mois, décide un 1er avril qu'il est temps de ramener la vie et les sourires à la maison. Ils m'ont bien shooté pour l'accouchement, alors je me sens étrangement bien. Les sages-femmes ont peur et sont inquiètes que je ne sois pas prête et que je n'y arrive pas. En milieu d'accouchement, j'ai effectivement très envie d'abandonner, de m'abandonner, de tout abandonner, mais en un regard, j'ai compris que ce n'était vraiment pas le moment. Je me suis battue. La rencontre n'est pas celle que l'on avait imaginée et je ne sens pas sa présence comme je pensais la ressentir ce jour-là. Il est dans mes bras, le lien sera compliqué à créer… Je n'arrive pas à lui parler, le silence est grand, et l'instant irrationnel. Avec du temps, je découvrirai qu'il y a des moments où nous avons ensemble une connexion d'une puissance étonnante, presque magique. Il s'appelle Roméo et est arrivé dans un moment des plus compliqués. Il n'aura pas la chance d'avoir rencontré son papa qui l'aimait pourtant déjà si fort. Ça me rend en colère autant que ça m'accable.

Nous restons deux semaines hospitalisés. Nino nous a rejoints dans cette grande chambre. Je me sens mal, il se passe plein de choses difficiles… Beaucoup de nuits blanches, à part quand ils me donnent après l'accouchement des médicaments qui m'assomment pour me forcer à dormir. J'allaite, je vois des psys, des médecins, je m'occupe de mon grand et de mon petit. Je ne laisse jamais Roméo seul. Les infirmières écrivent : « Elle a passé la nuit sans bouger avec son bébé dans les bras, en fixant le mur. » Ça bipe sans arrêt. Il y a des papas partout, des maris partout, des couples partout. Mon second traumatisme est là : le jour de la naissance de notre enfant sans lui. La douleur psychique a pris le dessus sur les douleurs physiques, je ne sais même pas comment je fais pour être encore debout après toutes ces épreuves.

De telles circonstances ajoutent aux difficultés de la monoparentalité une surcharge mentale indescriptible. La montagne de douleur devant moi me semble infranchissable. Je fais ce que j'ai à faire, mais je me sens déphasée. Je ne trouve pas de sens à la vie, je suis malheureuse et ne suis qu'un corps en action, anesthésié de toute émotion. Je m'exécute, il le faut, je dois, je n'ai pas le choix. Je ne me plains pas, je me lève sans broncher et sans difficulté toutes les 3 heures pour nourrir Roméo. Je passe des heures, debout, à le bercer. Lorsqu'il tombe malade, c'est la panique, l'angoisse qui monte, avec personne pour me calmer et m'apaiser, et je ne ferme pas l'œil de la nuit en m'imaginant toujours le pire. Quand j'ai fini d'angoisser pour Roméo, j'angoisse pour Nino. L'impensable est arrivé sous mes yeux à leur père, alors pourquoi pas eux ? Et quand je ne m'inquiète plus pour eux, c'est pour moi. Je n'ai pas le droit de mourir, je suis leur seul parent, que deviendraient-ils ? Je me vois partir aussi et l'angoisse grandit. Comme à chaque crise, j'ai chaud, j'ai des douleurs au cœur, des palpitations, des nausées, je tremble… Personne ne pourra venir me sauver, mes enfants vont devenir orphelins de père et de mère. À force de ne pas faire de pauses, de m'infliger un rythme soutenu et de vouloir tout faire au mieux, j'ai des périodes de fatigue extrême où mon corps me dit stop. Je suis à deux doigts de m'écrouler. J'ai des périodes aussi où je suis très irritable et me fâche beaucoup : je crie, je ne supporte rien et surtout pas les gens, le désordre, les pleurs et les chamailleries. J'ai encore perdu 10 kilos… Je fais de mon mieux pour être une mère exemplaire, pour que mon amour soit fier de moi. Chaque décision, aussi minime soit-elle, je me demande ce qu'il aurait fait, pensé ou voulu que je fasse. Je ne fais plus de projets, car il suffit de peu pour qu'ils s'effondrent. Alors j'ai peur des décisions et des projections.

Je me refuse absolument la facilité de coller Nino devant un quelconque écran, alors je joue avec lui, je ne l'abandonne pas, je le soutiens énormément. Nous devenons très soudés, j'ai un besoin d'être avec lui et lui avec moi, et nous parlons beaucoup, regardons photos et vidéos. Il a des colères légitimes, mais effrayantes. C'est une souffrance supplémentaire de le voir ainsi et d'être impuissante. Je lui montre que je suis là, même s'il me repousse, qu'il hurle, pleure, se cache, est violent envers moi et lui-même. Il cherche sa place : son papa n'est plus là, il a eu un petit frère et une maman qu'il ne reconnaît plus. J'ai moins de temps à lui consacrer, je ne peux pas être partout, même si j'essaie. Alors je le laisse parfois seul à table, seul à se doucher, à se coucher... Il reçoit moitié moins d'attention et d'amour, et en plus, il doit le partager avec son petit frère qui prend beaucoup de place. Nino a peur pour moi et me protège beaucoup.

Je dois tout réapprendre, renaître dans un bain d'acide qui me brûle la peau :

Je dois réapprendre à tout dire au singulier : je fus « nous » et « on » » la moitié de ma vie, alors le « je » n'est pas naturel, et parfois, je n'arrive toujours pas à le dire. Il y a aussi le « ma » au lieu de « mon, notre » ; « ma chambre », celui-là, je ne l'ai pas encore !

Je dois apprendre à parler de lui au passé. C'est tellement dur que je ne peux pas m'y soumettre, et des fois, je ne sais plus quel temps utiliser.

Je ne supporte plus les gens qui se plaignent. Je fais tout, toute seule, sans me plaindre. Alors les soucis des autres me semblent dérisoires et m'agacent.

Je dois expliquer à l'entraîneur de basket pourquoi Nino se tient le cœur quand il court : il a peur que son cœur s'arrête aussi. Il me raconte alors en retour la mort de son père en détail, que c'était dur pour ses filleuls qui ont donc perdu leur grand-père ! Je préfère ne pas répondre à ces gens-là. Nino a repris, puis arrêté le basket. Je préfère, car le voir dans les pas de son père, c'était douloureux. Et puis, ce sont beaucoup les papas qui sont au basket avec leur fils. Dorian aurait tant aimé, serait si fier, mais je ne pense pas que Nino soit un basketteur comme lui. C'est qu'il a un besoin de lui ressembler, comme pour se rapprocher de son héros. Je lui dis qu'il est lui et qu'il est une personne à part entière, qu'il s'écoute.

À l'école, c'est carrément « il faudra bien qu'il s'y fasse de toute façon » ou « maintenant, on voit de tout, des parents en prison, divorcés, interdits de garde… décédés, c'est plus rare, mais il y en a aussi, alors bon… », « il y arrivera, tout le monde a des problèmes ».

Une pharmacienne me dit même un jour, avec une légèreté déconcertante, « un de perdu, dix de retrouvés » ! Et puis cette réplique ahurissante : « Vous êtes encore belle et jeune, vous retrouverez l'amour. »

Le moment le plus difficile de la journée reste le moment qui se trouve entre le réveil et les yeux qui s'ouvrent. C'est à ce moment précis que j'ai une larme qui coule déjà. Je sais que je suis obligée, les enfants sont déjà à m'appeler et il faut déjà faire mille choses en même temps. C'est encore une nouvelle journée sans lui qui commence et ça va encore être une bataille.

Le psy me dit que j'ai dépassé le délai d'un deuil normal, donc que je suis en dépression. Qu'il est tellement dans ma tête que c'est devenu obsessionnel et il se demande si je ne me complais pas dans cette situation ! Je suis toujours avec les enfants, mais ma tête n'est pas avec eux. Ils ont besoin d'une vraie présence, mais ce sera long à venir. Il y a des jours où Roméo pleure toute la journée, c'est très dur, je n'en peux plus, ses pleurs me cassent la tête.

On me culpabilise souvent en me disant que si je veux que mes enfants aillent mieux, je dois aller mieux !

J'essaie la sophrologie, la réflexologie, l'acuponcture, la mélatonine, les fleurs de Bach, pendant un an les antidépresseurs, puis, lorsqu'ils veulent m'augmenter la dose, je décide de tout arrêter, en continuant juste les anxiolytiques que je décide aussi d'arrêter seule. Je vais chez une psychiatre, une psychologue…

J'emmène Nino chez l'acuponcteur pour apaiser ses tensions, chez la psychologue pour parler de ses émotions, chez la sophrologue/réflexologue pour ses problèmes de sommeil, de concentration et ses tics, et je l'inscris au théâtre pour l'aider à prendre confiance en lui.

Pour Roméo, c'est chez l'ostéopathe pour calmer toute cette colère et ces émotions qu'il absorbe. Notre lien est extrêmement fusionnel. Je voudrais rattraper le temps où je n'ai pas profité de lui, car j'étais trop absente de ma tête, mais c'est trop tard.

On me propose des méthodes comme l'EMDR pour ranger les informations dans mon cerveau en choc post-traumatique ! Je ne suis pas prête.

J'ai beaucoup de rendez-vous, de papiers à gérer, même si ma belle-famille s'est occupée de la majorité, de démarches à faire auprès de la banque, du notaire (jour où mon oncle décide de se pendre). Je suis abasourdie par la quantité d'administratif à régler et surtout par leur absurdité :

<u>Les impôts</u> : « Vous êtes veuve avec des enfants ? » « Oui. » « Ah oui, mais ça ne va pas... À cet âge, il n'y a pas la case de prévue. Joselyne ? Il faut que tu demandes à Tartempion qu'il fasse remplir le formulaire tant » !!! « Et pour les autres impôts où vous avez été prélevée deux fois, c'est parce qu'il fallait envoyer un courrier à chaque service pour prévenir du décès. Je ne sais pas si vous serez remboursée. »

<u>La Poste</u> : Lorsque je suis allée chercher un colis, on m'a dit que c'était au nom de monsieur, donc ça devait être monsieur qui devait venir le récupérer ! J'ai dit que non, il ne pourrait pas venir, mais que nous avions le même nom et c'était moi qui avais passé commande. Que par conséquent, je pouvais donc prendre le colis. Elle m'a dit que non, ce n'était pas possible. J'ai fini par lui dire que ça allait être compliqué qu'il vienne, car il était mort. Réponse : « Je le donne, mais c'est exceptionnel. »

<u>Les contrôles de la CPAM</u> : « Je comprends, c'est dur, moi j'ai perdu mon chien il y a peu, et le week-end dernier, en me promenant avec ma femme, on voyait des chiens partout. C'est vraiment dur. » Je n'en revenais pas de ce qu'il me disait !

Il y a tous ces papiers d'école à remplir, où je raye en tremblant la partie « père de l'enfant ». Parfois, je le remplis, car il a un père ! J'en ai marre de le rayer… Il y a un manque de considération et de compassion honteux par certains enseignants.

C'est déjà difficile de parler de ma situation que je n'accepte pas, alors avoir autant de mépris en retour m'enferme dans une colère que je préfère contenir. Je n'ai pas envie de me justifier ou de débattre avec des gens dépourvus d'écoute, d'empathie, mais j'ai déjà été obligée d'intervenir pour mon grand garçon.

J'ai dû expliquer et argumenter pourquoi donner comme 1er livre de lecture à Nino un livre racontant l'histoire d'un ours qui perd son papa et se retrouve seul, perdu, puis qui, après un périple pour le retrouver, est soulagé et heureux, car tout redevient comme avant avec sa maman, peut affecter Nino ! Lui qui rêve et me réclame tous les jours de retrouver notre vie d'avant, c'est juste cruel, mais non, on me répond avec mépris qu'il faudra bien qu'il s'y fasse et que je veux trop le protéger, que l'école n'a pas d'autres livres !

À la sortie de l'école, on lui demande si c'est son papa ou sa maman qui vient le chercher.

J'ai été arrêtée deux ans et demi (le congé mat ne compte pas) avant de reprendre le travail en mi-temps thérapeutique, et la sécu n'indemnise plus au bout de trois ans d'arrêt, même avec une reprise en mi-temps. Donc, comme je suis encore trop fragile pour reprendre en temps complet pour le moment, je n'ai qu'un demi-salaire, ce qui me place dans une fragilité financière. Je dois rester prudente. J'ai repris le travail dans la même entreprise où j'ai toujours travaillé depuis 15 ans maintenant. Je suis revenue à un autre poste, dans un autre service, avec donc de nouvelles collègues et un métier à apprendre. C'est horrible, très difficile socialement, déjà, et professionnellement aussi. Je dois répondre à des appels qui s'enchaînent sans que j'en connaisse les réponses, je n'arrive pas à me concentrer, c'est bruyant, j'ai du mal à aller vers les autres pour demander de l'aide. Je ne me sens pas aidée et soutenue. Je ne voulais pas de traitement de faveur, mais là, c'est vraiment mission impossible, et je ne sais pas si je vais y arriver et combien de temps je vais encore tenir. Combien de fois les discussions de mes collègues m'ont insupportée ! J'ai voulu m'enfuir en courant plein de fois et ne plus remettre les pieds ici, mais non, j'allais pleurer aux toilettes ou discuter avec des collègues bienveillants. On me disait après que je prenais trop de temps de pause. Ce qui me sauve, c'est que j'ai des collègues devenus amis qui sont d'un soutien épatant et je ne réussirais pas à tenir sans eux. Alors je persiste, en espérant trouver une voie qui me corresponde, me passionne, qui ait un sens et qui m'apporte confiance et sérénité. J'ai besoin de paix. J'attends des signes et des rencontres pour me guider vers un chemin, mais pour le moment, c'est très dur et je n'ai pas le choix, car je dois bien nourrir et loger nos petits, alors je fais encore de mon mieux.

La relation avec ma belle-famille est très forte. Ils sont très présents, depuis le début (que je n'aime pas appeler le début, mais la fin). Ils me le montrent en s'occupant d'une bonne partie des papiers. Je sais que je peux toujours compter sur eux pour m'aider et m'organiser avec les enfants. Je parle beaucoup avec la première femme de sa vie, sa maman. On se soutient mutuellement, se respecte, s'admire et s'aide. Nous sommes devenues ce qui représente leur fils, et leurs petits-enfants sont une partie de lui. J'aime cette relation de confiance et d'amour qui s'est créée avec ses parents et sa sœur avec qui j'aime rire et parler.

Ma meilleure amie est en or, elle est très présente, c'est la seule à qui je confie tout, je l'appelle beaucoup alors qu'elle a sa vie de maman et de femme, mais elle se rend toujours disponible, elle est merveilleuse. C'est devenu un besoin de l'appeler, elle m'est indispensable, je lui dois tellement. Quand elle vient passer le week-end à la maison, je suis apaisée et sereine. Mon ami Bastien est un sage qui réussit à m'apaiser, m'aide à la résilience, au bien-être et à la paix intérieure, mais j'en suis loin pour le moment. Avec mon amie Pam et ses enfants, on se fait des journées pêche et c'est ressourçant. Nino a d'ailleurs trouvé cette passion apaisante et mon oncle Michel lui apprend avec patience et bienveillance.

J'ai ma mère quotidiennement au téléphone ou par messages. Elle est d'un soutien solide. Elle est très présente et disponible, c'est la seule personne avec qui, si je n'ai pas envie de parler, je ne parle pas, je peux avoir l'humeur que j'ai sans me forcer. J'ai même le droit d'être désagréable avec elle et elle ne m'en veut pas, elle me pardonne tout. Elle est admirable et comprend. Elle se démène, entreprend, m'a repeint toute la maison ! Elle est formidable et, dans tout mon malheur, je suis heureuse d'avoir mes parents avec moi. Elle me fait du ménage, des courses, des lessives, des petits plats… elle est toujours en action. Mon père me construit ou me bricole plein de trucs (poulailler, abri de jardin) « avec les outils de papa », disent les gars. Je n'arrive plus à appeler mon père « papa » par gêne pour mes enfants.

C'est moi qui les aime

Petit à petit, je m'apprivoise, j'apprends à m'écouter et me respecter. Je réussis à piocher dans les quelques mains qui m'ont attendue et jamais lâchée et accepte d'avoir laissé celles des impatients qui se sont baissées et m'ont abandonnée. Je suis obligée de penser à moi et mon bien-être, alors je prends ce qui me fait du bien et me nourrit dans chacun d'eux et j'ai la chance d'avoir de belles personnes qui sont devenues si chères et précieuses à ma survie. J'ai fait des rencontres qui m'ont élevée et donné de l'énergie et j'essaie de ne plus prêter attention à ceux qui m'exaspèrent. Moi qui ne supportais plus personne et qui m'étais renfermée, j'accorde confiance et apprends de gens parfois juste croisés.

Ce qui m'aide, c'est de faire partie d'une communauté qui survit à la perte de son conjoint avec jeunes enfants, car eux seuls savent vraiment. Ça m'a aidée à ne pas me sentir différente dans les émotions que je peux traverser. Ça m'encourage parfois à réaliser des choses (comme partir seule avec les enfants), à résister, à m'apaiser lors de nuits difficiles. J'y lis des témoignages poignants dans lesquels je retrouve des maux similaires.

Pour les enfants, j'apprends à mettre des messages positifs dans leur cheminement, à leur donner de l'espoir et de la joie. Les dessins animés avec un parent mort sont très communs, alors je m'en sers pour soulever une phrase d'espoir qu'ils retiennent : « Quand on est tout en bas, la seule chose qu'il reste à faire, c'est remonter », « on ramasse les morceaux et on continue », etc.

Puis est venue la reconnexion avec la nature et les saisons. Encore plus qu'avant, le vent, la pluie, la neige sur mon visage me ravivent. J'aime être proche du sol, jardiner, cultiver. L'été est encore trop brûlant et lumineux pour m'illuminer, mais l'automne est toujours ma saison préférée, et les paysages qu'elle offre, banals pour certains, m'émerveillent autant que le printemps qui a le pouvoir de faire renaître.

Les premiers sourires, ce sont nos enfants qui me les ont décrochés, et chacun de leurs rires est fabuleux. Mon premier fou rire, c'est Nino qui me l'a offert (Nino est d'ailleurs toujours encore surpris quand ça me prend tellement ça reste rare). Pour ne pas être déconcentrée et perdre pied, je dois garder le regard exclusivement sur mes enfants, ma raison de ne pas flancher (comme un funambule ne doit pas regarder ailleurs que devant lui, moi, pas ailleurs que nos enfants). Et seuls leurs rires arrivent à me transporter et me faire sentir plus légère. J'ai une mission de transmission que je prends très au sérieux. Je suis l'héritière de nos souvenirs, de notre amour qui a fait naître nos précieux enfants. Ils doivent savoir qui est leur père, qui était leur mère quand je n'étais pas que mère, ils doivent savoir qu'ils sont des enfants de l'amour, que nous les aimions, qu'ils sont chacun unique et merveilleux. Je dois continuer de le faire vivre à travers nos journées. Ils auront toujours un père, même si le grand malheur de mes trois hommes est d'avoir été injustement privés de temps ensemble. Je suis la gardienne de leurs histoires et mon amour pour tous les trois n'a aucune limite. « C'est moi qui les aime. »

REMERCIEMENTS

À l'ensemble des auteurs de ce collectif pour leur implication et leurs magnifiques partages.

Aux personnes qui ont accepté de témoigner ; merci pour votre confiance.

À Nathalie Guellier, fondatrice du site *parent-solo.fr*.

À Corine Goldberger, fondatrice du groupe Facebook « Entre veufs » et auteure du livre *Quand la mort sépare un jeune couple, le veuvage précoce* aux éditions Albin Michel.

À toute l'équipe bienveillante et professionnelle de JDH Éditions.

PRÉFACE 7

Maman solo, citron pressé 9
Par Lili Saxes

Frère et sœur 21
Par Ana Jan Lila

L'homme de la maison 29
Par Malo de Braquilanges

Ma vie en 3D : *DDASS, Dèche et Douche froide* 41
Par Anna Belle

Je pleure sous la douche pour ne pas que les enfants me voient 55
Par Oriane de Virseen

Papa fast-food 69
Par Jeff Rizz

Louise 79
Par Cécile Ducomte

Sacerdoce 95
Par Yoann Laurent-Rouault

Ma monoparentalité 103
Par Laurence Paulmier

Quand l'autre rejoint les étoiles 119
Par Nathalie Sambat

Papa Parloir 131
Par Martial Bessou

Maman Papa Salope : *Chroniques d'une mère seule dans les années 90* 141
    Par Oriane de Virseen

Moi, la mère de trois enfants 159
    Par Ana Jan Lila

Je ne suis pas un héros 165
    Témoignage d'Anselme, recueilli par Nathalie Sambat

C'est moi qui les aime 173
    Par Coralie Griso

REMERCIEMENTS 197

À découvrir dans la collection *Les Collectifs*

Découvrez les autres collections de JDH Éditions

Magnitudes

Drôles de pages

Uppercut

Nouvelles pages

Versus

Case Blanche

Hippocrate & Co

My Feel Good

Romance Addict

F-Files

Black Files

Les Atemporels

Quadrato

Baraka

Les Pros de l'Éco

Sporting Club

L'Édredon

La revue littéraire de JDH Éditions

Venez découvrir les textes de la revue

**Textes et articles dans un rubriquage varié
(chroniques, billets d'humeur, cinéma, poésie…)**

Suivez **JDH Éditions** sur les réseaux sociaux pour en savoir plus sur les auteurs, les nouveautés, les projets…

Inscrivez-vous à notre Newsletter sur
www.jdheditions.fr
Pour recevoir l'actualité de nos nouvelles parutions